Oberammergau

KUNST, TRADITION & PASSION

Oberammergau

KUNST, TRADITION & PASSION

Annette von Altenbockum

PRESTEL

München · Berlin · London · New York

Fast ein Paradies

Was ist das für ein besonderer Ort, der sich seit 375 Jahren an sein Pestgelübde von 1633 gebunden fühlt und alle 10 Jahre in einer unvergleichlichen Gemeinschaftsleistung das berühmteste Passionsspiel der Welt auf die Bühne bringt? Ein Ort, der auch das »Dorf der Herrgottschnitzer« genannt wird. Ist Oberammergau ein »heiliges Dorf«, das sich als letztes Bollwerk gegen die Abkehr vom christlichen Glauben sieht? Die Oberammergauer schmunzeln über solche Mutmaßungen, wissen sie es doch besser: Hier wird ebenso gezweifelt, gestritten, versöhnt, gelebt wie anderswo – vielleicht mit einer größeren Portion Leidenschaft und Gemeinschaftsgeist. Obwohl Oberammergau ganz entscheidend von den Passionsspielen geprägt wurde, wird man dem

Dorf nicht gerecht, es nur unter diesem Aspekt zu sehen. Neben der besonders ausgeprägten Theaterkultur gilt es, Oberammergau als einen Ort zu entdecken, der eine hohe Affinität zur Musik, Kunst und Kultur hat, der eine wechselvolle und spannende Geschichte erzählen kann und der an landschaftlicher Schönheit kaum zu überbieten ist. Hier leben und arbeiten seit Generationen Künstler und Kunsthandwerker, deren Zahl seit einigen Jahren wieder ansteigt und Oberammergau erneut zu einem Zentrum für alpenländisches Kunsthandwerk zu machen verspricht. Neben der Kultur spielt der Fremdenverkehr seit Ende des 19. Jahrhunderts in Oberammergau eine entscheidende Rolle. Eingebettet in die Ammergauer Alpen, die mit ihrer weitgehend

unberührten Natur zum größten Naturschutzgebiet Bayerns gehören, bietet Oberammergau sommers wie winters eine breite Palette an Freizeitangeboten und Erholungsmöglichkeiten. Dabei ist es den Oberammergauern ein besonderes Anliegen, Tourismus und Naturschutz sinnvoll miteinander zu verbinden.

Pfarrer Joseph Alois Daisenberger, der nicht nur als Seelsorger und Historiker, sondern auch als Spielleiter und Textbearbeiter der Passionsspiele in Oberammergau wirkte, erkannte früh das einmalige Potenzial dieses Dorfes. Das brachte er enthusiastisch in den Schlussworten seiner berühmten Antrittspredigt am 13. Juli 1845 in Oberammergau zum Ausdruck:

»Hier ist gut sein! Wäre es nicht fast ein Paradies? Ein Himmel auf Erden? Ein solcher Ort könnte unser Oberammergau ja selbst werden? So lasst es uns verwirklichen!«

Das Dorf und seine Geschichte

»Mancher hatte sich tüchtig in der Welt umgetan und den Wert gediegener Bildung schätzen gelernt, aber jeder fühlte sich erst wieder glücklich, wenn er heimgekehrt war und behaglich im Ampergrunde zu Füßen des Kofels saß.«

Aus *Erinnerungen* von Ludwig Thoma aus dem Jahre 1919 über seinen Geburtsort Oberammergau

Vorhergehende Doppelseite: Blick vom Kofel auf Oberammergau

Linke Seite: Das Dorf Oberammergau von Joseph Bierling, 1925

»Willkommen in Oberammergau: Kommet her zu mir alle, die ihr mühselig und beladen seid! Ich will euch erquicken.«

Titelzeichnung des *Simplicissimus* von Karl Arnold vom 29. März 1922

Servus in Oberammergau

In Bayerns größtem Naturschutzgebiet, den Ammergauer Alpen, liegt das Dorf Oberammergau, das nicht nur als Passionsspielort und Zentrum des Kunsthandwerks welt-berühmt ist, sondern sich auch als Luftkurort und Urlaubsparadies einen Namen gemacht hat. Eingerahmt von seinen beiden Hausbergen Kofel und Laber liegt das Dorf in einer Höhenlage von rund 900 Metern am Alpenfluss Ammer. Mit seinen ca. 5300 Einwohnern ist Oberammergau die größte Gemeinde des Ammertals und gehört zum Werdenfelser Land.

Geradheit – Klugheit – Lebhaftigkeit

»Die gesamte Einwohnerschaft ist der katholischen Religion zugethan [inzwischen sind etwa 20% der Dorfbewohner protestantisch]. Die Familien sind theils altbayerischer, theils schwäbischer und tirolerischer Abkunft. ... Die Vereinigung der drei Nationalitäten drückt sich auch im Charakter der Bewohner Ammergaus's ab. Die Mehrern verbinden mit der Geradheit und Freimüthigkeit des Bayers und dem Witze und der Klugheit des Tirolers den muntern heitern Sinn und die Lebhaftigkeit und Gesprächigkeit der Schwaben.«

Aus *Geschichte des Dorfes Oberammergau* von Joseph Alois Daisenberger aus dem Jahre 1859-1861

OBERAMMERGAU

Das Wappen von Oberammergau - der Gemeinde 1959 verliehen - erinnert an das Gelübde der Einwohner im Pestjahr 1633, das Spiel vom »Leiden, Sterben und Auferstehen unseres Herrn Jesus Christus« alle zehn Jahre aufzuführen.

Zeitreise – von der Kultstätte bis zur Gegenwart

Archäologische Ausgrabungsorte, Häuser mit Lüftlmalereien, die Passionsspiele, Kunstwerkstätten, sagenumwobene Naturplätze oder gelebtes Brauchtum – die Geschichte Oberammergaus ist nicht nur spannend und vielschichtig, sie ist auch im Dorf an allen Ecken und Enden spürbar. Oberammergau knüpfte schon früh Verbindungen in die ganze Welt und versteht es bis heute, Tradition mit Weltoffenheit zu verbinden.

Geschichte zum Anfassen – der Oberammergauer Rätselweg

Auf dem verwunschen gelegenen Oberammergauer Rätselweg, der südlich des neuen Friedhofs am Fuße des Kofels beginnt, kann man die frühe Geschichte Oberammergaus buchstäblich ›begreifen‹. Der Weg führt zum einen zur Hauptfundstelle des keltischen Opferplatzes am Döttenbichl, zum anderen zur Mariengrotte, zum Malenstein nebst seiner Höhle und zu mehreren Felswänden mit rätselhaften Felsritzungen aus verschiedenen Jahrhunderten. Vertraut man sich der kundigen Führung des ortsansässigen Naturführers an, gibt es neben zahlreichen Informationen auch wunderbar erzählte Sagen und Legenden der Region zu hören.

An dem Ort, der als älteste Gebetsstätte des oberen Ammertals gilt, steht die Wallfahrtskirche Hl. Blut, im Volksmund ›die Kappel‹ genannt. Sie wurde um das Jahr 1090 errichtet und liegt etwa 20 Gehminuten nördlich von Unterammergau auf einer Anhöhe. Hierhin soll sich um das Jahr 900 der Welfenfürst Eticho mit einigen Getreuen zurückgezogen haben, um als Einsiedler zu leben und eine Mönchsgemeinde zu gründen.

Heute so dramatisch wie vor 2000 Jahren: Föhneinbruch in den Ammergauer Alpen

Die Kelten in Oberammergau

»... doch ist es wahrscheinlich, daß schon damals eine Horde keltischen Stammes sich da niedergelassen hatte.«

Was Pfarrer Joseph Alois Daisenberger in seinem Buch *Geschichte des Dorfes Oberammergau* aus den Jahren 1859 bis 1861 noch als Vermutung formulierte, wurde in den 1990er-Jahren durch einen sensationellen archäologischen Zufallsfund am Döttenbichl bei Oberammergau zur Gewissheit: Forscher legten dort eine keltische Kultstätte frei, die auf eine Besiedlung des Ammertals lange vor der Eroberung durch die Römer hinweist. Von 100 v. Chr. bis 50 n. Chr. wurden am Döttenbichl zahlreiche Opfergaben dargebracht, neben keltischen Gewandfibeln, Werkzeugen und Münzen viele gebrauchte römische Waffen, die auf kriegerische Auseinandersetzungen zwischen den Einheimischen und den Römern hinweisen. Drei römische Katapultpfeilspitzen tragen den Stempel der 19. Legion, die im Jahr 9 n. Chr. in der Varusschlacht im Teutoburger Wald vernichtend geschlagen und nie wieder aufgestellt wurde. Die über 700 Metallfunde vom Döttenbichl stammen aus der Zeit des römischen Alpenfeldzugs unter Kaiser Augustus im Jahr 15 v. Chr. Sie sind die ältesten bekannten römischen Funde in Bayern.

Das Dorf im Mittelalter

Der Ammergau, der als Region erstmals im 9. Jahrhundert und als Ortsname 1150 urkundlich erwähnt wurde, war bis zu Beginn des 12. Jahrhunderts im Besitz der Welfen, Europas ältestem Fürstenhaus. 1192 übernahm das schwäbische Adelsgeschlecht der Hohenstaufer den Landstrich, und im Jahr 1269 ging der Ammergau in den Besitz der bayerischen Wittelsbacher über.

Als 1073 Herzog Welf I. das Augustiner-Chorherrenstift Rottenbuch gründete, wurde von dort aus das ganze Ammertal seelsorgerisch betreut. Seit dem 12. Jahrhundert gibt es in Oberammergau eine eigene Pfarrei, die bis zur Säkularisation 1803 unter dem geistlichen Patronat des Klosters Rottenbuch stand. Auf dem Platz der heutigen katholischen Pfarrkirche St. Peter und Paul in Oberammergau wurde zunächst eine kleine Holzkirche gebaut, die durch eine romanische Steinkirche ersetzt wurde und schließlich einem

Die Rottenbucher Stiftskirche. Die ursprünglich romanische Basilika wurde im gotischen Stil erweitert und Mitte des 18. Jahrhunderts von dem Wessobrunner Stuckateur Joseph Schmuzer im Rokokostil ausgeschmückt. Die Fresken der Innenausstattung gehören zu den herausragenden Werken Matthäus Günthers, dessen Arbeiten auch in der Oberammergauer Pfarrkirche St. Peter und Paul zu finden sind. Kloster Rottenbuch wurde im Zuge der Säkularisation 1803 aufgelöst. Seit 1963 dient das ehemalige Augustiner-Chorherrenstift als Kloster für die Don Bosco Schwestern.

St. Peter und Paul – eine der schönsten
Dorfkirchen Oberbayerns

Neben Deckengemälden, Statuen und Fresken
berühmter Künstler wie Matthäus Günther, Franz
Xaver Schmädl, Johann Jakob Zeiller und des
»Lüftlmalers« Franz Seraph Zwinck gibt es in
der Pfarrkirche St. Peter und Paul eine weitere
Besonderheit zu entdecken: In der Mitte des rechten
Seitenaltares, dem Kreuzaltar, befindet sich jenes
Kreuz, vor dem der Überlieferung nach 1633 das
Passionsgelübde, alle zehn Jahre das Spiel vom
Leiden, Sterben und der Auferstehung Christi
aufzuführen, abgelegt wurde.

gotischen Bau weichen musste. Als dieser baufällig wurde,
begann man dort von 1736 bis 1742 unter der Leitung von
Joseph Schmuzer einen Neubau im Rokokostil zu errichten. Schmuzer, der bei den Stuckarbeiten von seinem Sohn
Franz Xaver unterstützt wurde, entstammte einer der berühmtesten Familiendynastien von Stuckateuren und Bau-
meistern aus Wessobrunn, das zwischen 1600 und 1800
zu den bedeutendsten Stuckateurzentren Europas gehörte.

Kloster Ettal – Im Namen der Benediktiner

1330 gründete Kaiser Ludwig der Bayer das Kloster Ettal,
das neben Rottenbuch das zweite bedeutende Kloster war,
unter dessen Einfluss Oberammergau vom Hochmittel-
alter bis Anfang des 19. Jahrhunderts stand. Während
Rottenbuch die geistliche Herrschaft über das Ammergau
innehatte, lag die weltliche Gerichtsbarkeit in den Händen
der Benediktiner in Ettal. Die Ammergauer Bauern hatten
zwar jährliche Abgaben an das Kloster zu leisten, bekamen
aber wenige Tage vor der Grundsteinlegung von Ettal ihr
Freiheits- und Erbrecht vom Kaiser verbrieft.

»... von besonder Genaden der
Paurschaft gemeiniglich zu Ober-
ammergau die Gnadt gethan haben
und thuen, daß Wir wöllen, daß sye
Erbrecht und Paurecht haben, auf
den Guettern, es seyen Hof oder
Hueb, die gelegen seindt in dem
Amergau ...«

Urkunde vom 23. April 1330

Der Horizont erweitert sich: Die Fernhandelsstraße, Oberammergaus Tor zur Welt

Die Lage Oberammergaus an der aus der Römerzeit stammenden Fernhandelsstraße von Venedig nach Augsburg brachte dem Dorf in vielerlei Hinsicht Vorteile. Das 1332 von Kaiser Ludwig dem Bayern erlassene Niederlagsrecht – oder auch Stapelrecht – garantierte den Ammergauern eine einträgliche Einnahmequelle: Denn alle Händler, die auf der Handelstraße unterwegs waren, mussten u. a. in Oberammergau ihre Ware gegen Bezahlung zwischenlagern und zum Verkauf anbieten. Ammergauer Rottfuhrleute transportierten dann die Ware zur nächsten Rottstation in Partenkirchen.

Auch die Entwicklung der Holzschnitzerei in Oberammergau, die Anfang des 16. Jahrhunderts ihren Anfang nahm, wurde durch die zahlreichen Kontakte zu Kaufleuten aus Norditalien und Süddeutschland begünstigt – zum einen stellten diese potenzielle Kunden und Transporteure dar, zum anderen waren sie Botschafter verschiedener Stilrichtungen und Ideen anderer Kulturen.

Die Pfarrkirche St. Peter und Paul mit Blick auf den Hochaltar. Dieser wurde ebenso wie alle anderen Altäre der Kirche von Franz Xaver Schmädl geschaffen. Das Altarbild stammt von Matthäus Günther.

Die Rottfuhrleute

Das Rottwesen – ›Rott‹ bedeutet Fuhrmannschaft – war bis etwa Mitte des 17. Jahrhunderts in Ammergau ein wichtiger wirtschaftlicher Faktor, bis es schließlich im späten 18. Jahrhundert an Bedeutung verlor. In Oberammergau erinnern nicht nur die Rottstraße und Warbergstraße an diese Tradition, sondern auch ein Bronzedenkmal vor dem Oberammergau Museum, das einen Rottwagen darstellt.

Links oben: Schnitzschüler bei der Arbeit

Links unten: Die Kunst der Oberammergauer Schnitzer reicht von filigranen, nur wenige Zentimeter großen Figuren bis hin zu meterhohen Skulpturen und Kirchenaltären.

Rechts: Der von Anton Killer entworfene und ausgeführte Kraxnträger steht vor dem Verlegerhaus Georg Lang sel. Erben.

Die Geburt der Bildhauerkunst

Die ersten schriftlichen Berichte über die große Kunstfertigkeit der Oberammergauer Schnitzer tauchen Anfang des 16. Jahrhunderts auf. Da es einige Übung verlangt, ein solches Geschick im Umgang mit dem Schnitzmesser zu erlangen, gehen Historiker davon aus, dass in Oberammergau bereits im Spätmittelalter mit der Holzschnitzerei begonnen wurde. Diese entwickelte sich im 16. Jahrhundert zu einer wichtigen Nebenerwerbsquelle des Ortes. Die schwierigen klimatischen Bedingungen für die Landwirtschaft und die Bevölkerungszunahme einerseits, der Holzreichtum und die guten Transport- und Absatzmöglichkeiten durch die Handelsstraße andererseits sowie die Nähe zum Kloster Ettal, das als viel besuchte Wallfahrtskirche

»Schicken Sie mir Geld, damit ich lustig sein kann in der Welt.«

Dass der Schnitzwarenverleger Georg Lang in allen Lebenslagen Humor bewies, lässt sich auch an diesem Satz ablesen, mit dem er so manch einen Brief an zahlungssäumige Geschäftspartner enden ließ.

Das Verlegerhaus in einer Aufnahme um 1905. Hier kam im Übrigen auch der Dichter Ludwig Thoma am 21. Januar 1867 zur Welt. Seine Mutter hatte ihre Schwester Marie Lang in Oberammergau besucht, um hier ihre Niederkunft abzuwarten (vgl. S. 122).

großen Bedarf an Devotionalien, Kruzifixen und kleinen Andenken hatte, mögen einige der Gründe für diese Entwicklung gewesen sein. Im Jahr 1682 wurde das Bildschnitzen als freies Gewerbe in Oberammergau deklariert und Anfang des 18. Jahrhunderts das Fassen (Bemalen) von Schnitzereien als Berufszweig eingeführt. Der Vertrieb der Holzschnitzarbeiten war zu Beginn eher regional ausgelegt: Sogenannte Kraxnträger zogen mit ihrer Ware durchs Land und verkauften die in Heimarbeit hergestellten Arbeiten. Im Jahr 1775 gründete der Schnitzer, Glas- und Fassmaler Georg Lang ein Handelshaus, das bald darauf Oberammergauer Schnitzwaren in die ganze Welt exportierte und im Laufe des 19. Jahrhunderts zum wichtigsten Arbeitgeber des Ortes wurde. Bis heute ist das Unternehmen Georg Lang sel. Erben ein florierender Betrieb, der von einem Nachfahren des Firmengründers geleitet wird.

Die erste Handwerksordnung

Die Dorfchronik berichtet aus der Zeit des 16. Jahrhunderts – neben der erneuten Bestätigung des Freiheits- und Erbrechts der Bauern – von der ersten Handwerksordnung, die im Jahr 1563 von Abt Placidus aus dem Kloster Ettal erlassen wurde. Diese war notwendig geworden, nachdem zwei nicht aus dem Handwerk stammende Männer das Schnitzhandwerk betreiben wollten. Durch die Handwerksordnung waren die alteingesessenen Schnitzerfamilien vor dem Zuzug von außen geschützt, außerdem durften nur ihre ehelichen Kinder wieder Schnitzer werden. Neben dem Schnitzhandwerk entwickelten sich in Oberammergau auch andere Kunsthandwerke – wobei man zu dieser Zeit nicht von Künstlern, sondern schlicht von Handwerkern oder Arbeitern sprach –, darunter die Hinterglasmalerei. Im 16. Jahrhundert noch dem Kaiser, Adel und Klerus vorbehalten, fand diese Kunst im 18. Jahrhundert auch in der Volkskunst ihre Anwendung (vgl. S. 81).

Am Hinteren Hörnle

Die Venediger Mandl

Die berühmten Glasmanufakturen der Insel Murano bei Venedig schickten im 15. und 16. Jahrhundert ihre Prospektoren in das Alpengebiet, um sie dort nach Mineralien – vor allem nach Gold – suchen zu lassen. Auch in Ober- und Unterammergau gab es die legendären Venediger Mandl, von denen noch heute zahlreiche Geschichten im Umlauf sind. Mithilfe eines Bergspiegels, der von den Einheimischen ehrfürchtig Zauberspiegel genannt wurde, waren sie in der Lage, die verborgenen Schätze der Berge ausfindig zu machen. Die meist kleingewachsenen Fremden, die im Frühjahr mit ihren Eseln über die Alpen zogen und im Herbst mit Schätzen bepackt wieder heimreisten, waren den Dorfbewohnern höchst unheimlich, mussten sie doch mit dem Teufel im Bunde stehen. Die genaue Lage ihrer Grabungsorte, der Gufllöcher, sind zum Teil allgemein bekannt – wie das Schatzloch am Hörnle bei Bad Kohlgrub – aber es gibt auch Plätze, die bis heute ein gut gehütetes Geheimnis der Einheimischen sind.

Der erste Gemeinderat

Seit ca. 1600 wurde Oberammergau von den sogenannten Sechs bzw. Zwölf verwaltet, die jährlich neu gewählt wurden und dem Richter des Klosters Ettal untergeordnet waren. Die Sechs waren eine Art Gemeindevorstand, der die Rechnungsführung kontrollierte, die Gemeindearbeiten beaufsichtigte und den Schulmeister, die Gemeindediener und Hirten bestellte. Die Zwölf wurden als Vertreter der Gemeinde bei wichtigen Angelegenheiten von den Sechs zu Rate gezogen. Diese »Vorgesetzten der Gemeinde«, wie sie Pfarrer Daisenberger in seiner schon erwähnten Dorfchronik nannte, traten im Schicksalsjahr 1633 zusammen, als die Pest nach Oberammergau kam (vgl. S. 51).

... und dann kam der Schwarze Tod: Das Pestgelübde und der Beginn der Passionsspiele

Der Dreißigjährige Krieg (1618–1648) brachte nicht nur Hunger und Tod über Europa – allein in Deutschland dezimierte er die Bevölkerung von 17 Millionen auf 4 Millionen Menschen –, sondern auch Seuchen wie die Pocken und die Pest, den besonders gefürchteten Schwarzen Tod.

1632 kam die schwedische Soldateska plündernd und mordend bis nach Ettal und mit ihr die Pest, die sich in Windeseile im Werdenfelser Land auszubreiten begann. Überall brannten weithin sichtbare Pestfeuer im Land als Zeichen dafür, dass dieser Ort von der Seuche heimgesucht worden war. Auch die Oberammergauer Nachbargemeinden Eschenlohe und Kohlgrub waren von der Epidemie betroffen. Dank strenger Wachen am Ortsausgang war Oberammergau bis dahin weitgehend verschont geblieben, dies änderte sich jedoch im Herbst des Jahres 1632: Der Tagelöhner Kaspar Schisler, der seit zwei Jahren als Sommermahder (Mäher) in Eschenlohe gearbeitet hatte, schlich sich an den Pestwachen vorbei, um mit Frau und Kindern das Kirchweihfest in Oberammergau zu feiern – und brachte die Pest ins Dorf. Bis Ende Oktober 1633 starben von den – geschätzten – 800 Einwohnern 84 Erwachsene und eine in der Pfarrmatrikel nicht bezifferte Anzahl an Kindern. Noch im selben Jahr gelobten die Dorfvertreter auf dem Friedhof der Pfarrkirche St. Peter und Paul, alle zehn Jahre ein Passionsspiel aufzuführen, in der Hoffnung, dass der Ort von der Pest befreit werde. Der Überlieferung

Im Jahr vor den Passionsspielen wird immer das Stück *Die Pest* im Passionstheater aufgeführt. Dieses Stück erzählt, wie es zum Pestgelöbnis kam. Szenen aus der Aufführung 2009:

Oben: Kaspar Schisler (Anton Burkhart) besucht an Kirchweih seine Familie in Oberammergau.

Unten: Die Pest holt ihr erstes Opfer. Der Totengräber Faistenmantel (Frederik Mayet) begräbt Schislers kleinen Sohn (Vitus Norz).

nach gab es ab diesem Zeitpunkt in Oberammergau keine Pesttoten mehr zu beklagen, obwohl die Seuche in Bayern weiterhin wütete.

Im Jahr 1634 bauten die Oberammergauer auf dem Friedhof eine Bühne, auf der an Pfingsten das erste Mal das »Spiel vom Leiden, Sterben und Auferstehen unseres Herrn Jesus Christus« aufgeführt wurde. Fast 200 Jahre später wurde die Bühne auf dem sogenannten Brückengras, einer Wiese am nordwestlichen Dorfrand, errichtet, wo noch heute das Passionstheater steht (vgl. S. 53).

Die Geschichte der Passionsspiele ist geprägt von dem großen Gemeinschaftssinn und dem unbedingten Willen der Oberammergauer, trotz aller Widrigkeiten, die im Laufe der Jahrhunderte die Aufführungen immer wieder bedrohten, ihrem Gelübde treu zu bleiben. »Der Passion«, wie die Oberammergauer ihre Passionsspiele nennen, wird heute von rund 500 000 Besuchern aus aller Welt in über 100 Vorstellungen gesehen. Jeder zweite Dorfbewohner wirkt hinter oder vor den Kulissen mit – vorausgesetzt, er oder sie ist in Oberammergau geboren oder lebt seit mindestens 20 Jahren im Ort.

Linke Seite: Die märchenhaften Fresken des 1922 erbauten Kinderheims gaben ihm seinen ursprünglichen Namen: Das ›Hänsel und Gretel-Heim‹, auf dessen Fassade das gesamte grimmsche Märchen *Hänsel und Gretel* dargestellt ist sowie einzelne Szenen aus *Rotkäppchen* und *Der Wolf und die sieben Geißlein*. Der offizielle Name des Kinderheims lautet Marie-Mattfeld-Haus, benannt nach seiner Stifterin, einer deutschstämmigen Opernsängerin, die in den 1920er-Jahren in den USA lebte.

Herbst und *Winter* zieren als Beispiel profaner Illusionsmalerei die Rückseite des Forsthauses und stammen vom berühmten Lüftlmaler Franz Seraph Zwinck.

Frühe Vernetzung in die ganze Welt

Anfang des 18. Jahrhunderts blühte das weltweite Handelsgeschäft auf. Der Blick der Geschäftsleute reichte bis über den Atlantik und machte in Europa die Hafenstädte zu einträglichen Standorten. Die Oberammergauer Verleger gründeten für die in der Heimat hergestellten Schnitzarbeiten Niederlassungen vor allem in Nord- und Nordosteuropa: In Hamburg, Lübeck, Bremen, Amsterdam, Kopenhagen, Oslo, Göteborg, Königsberg, in Russland, Polen und dem Baltikum. Aber auch in den Süden, nach Spanien, zog es die geschäftstüchtigen Oberammergauer. Das ganze Dorf profitierte von dieser Entwicklung, nicht nur in wirtschaftlicher, sondern auch in ideeller Hinsicht: Oberammergauer, die Handelshäuser in Europa betrieben, holten nach einigen Jahren häufig ihre Söhne zur Weiterführung ihres Geschäftes nach und kehrten selbst in die Heimat zurück – mit all ihren Erfahrungen, Ideen und globalen Kontakten. Neben den immer zahlreicher erscheinenden Besuchern der Passionsspiele – 1760 waren es bereits ca. 14 000 Zuschauer – brachte der Schnitzhandel die Welt nach Oberammergau.

Dennoch blieb das Leben im Dorf hart: Viehseuchen, Brände, kalte Winter, Schulden aus den Aufführungen der Passionsspiele, Bedrohung durch Kriege, Hochwasser, Mäuseplagen und sogar zwei Erdbeben setzten den Oberammergauern zu.

Häuser erzählen Geschichte – die Lüftlmalerei

In Oberammergau entwickelte sich im 18. Jahrhundert eine Handwerkskunst, die dem Ort bis heute eine unvergleichliche Ausstrahlung verleiht: die Lüftlmalerei. Die mit perspektivischen Fresken versehenen Häuserwände zeigen unterschiedliche Motive, von biblischen Darstellungen über Geschichten aus der Dorf- und Hauschronik bis hin zu Märchenmotiven. An vielen Häusern sind kleine Tafeln angebracht, die Aufschluss über die Historie des jeweiligen Lüftlmalerei-Hauses geben. Der berühmteste Künstler der Lüftlmalerei in Oberammergau und Umgebung ist Franz Seraph Zwinck (1748–1792), sein bekanntestes Werk die Lüftlmalerei am Pilatushaus in Oberammergau (vgl. S. 84). Aber auch das Kölblhaus, das noch im Originalzustand

Das Pilatushaus

Das 1774 erbaute Pilatushaus wurde 1784 vom Verleger Anton Lang erworben und im gleichen Jahr von Franz Seraph Zwinck mit wunderschönen Lüftlmalereien versehen. Seinen Namen verdankt das Haus dem Fresko *Die Verurteilung Jesu durch Pontius Pilatus*, das auf der Gartenfront des Hauses zu sehen ist. Seit 1969 ist das Pilatushaus im Besitz der Gemeinde und wurde von 1982 bis 1986 aufwendig renoviert. Heute ist das Pilatushaus mit seiner ›Lebenden Werkstatt‹ und der Hinterglasbildersammlung nicht nur ein Zentrum der Kunst und des Kunsthandwerks (vgl. S. 74), sondern beherbergt auch das Standesamt, das mit seinem stimmungsvollen Hochzeitszimmer und dem barocken Garten ein echter Geheimtipp ist.

Die Benediktiner des Klosters Ettal übten jahrhundertelang, bis zur Säkularisation 1803, die weltliche Gerichtsbarkeit über Oberammergau aus.

zu bewundern ist, oder das heutige staatliche Forstamt sind zwei von vielen Beispielen seiner großartigen Handwerkskunst.

Königreich Bayern

Die Auswirkungen der wechselnden Kriegsallianzen Bayerns in der Napoleonischen Zeit zu Beginn des 19. Jahrhunderts waren auch in Oberammergau zu spüren: Während im Jahr 1800 der Ort noch von den Franzosen geplündert wurde, erhob Napoleon sechs Jahre später Bayern für seine Bündnistreue zum Königreich. In Oberammergau wurde dies mit Gottesdienst, Festgeläut und Böllerschüssen gefeiert. 1812 marschierten französische und bayerische Soldaten Seite an Seite auf Napoleons Russlandfeldzug in ihr Verderben – darunter auch 14 Oberammergauer, von denen nur 3 heimkehrten. Im Jahr darauf wechselte Bayern in das Lager der Gegner Napoleons, und als 1815 endlich die napoleonischen Kriege

Passionsgäste mit ihren Automobilen vor dem Kurhotel
Wittelsbach, 1922

Prinzregent Luitpold, eingerahmt von seiner Jagdgesellschaft,
nach erfolgreicher Hirschjagd, 1910

beendet waren, wurden in Oberammergau zum Dank
Sonderspiele der Passion aufgeführt, welche die leere
Gemeindekasse wieder füllen sollten.

Mittlerweile waren die Klöster Ettal und Rottenbuch
durch die 1803 durchgeführte Säkularisation enteignet
worden, ihr politischer und geistlicher Einfluss auf Oberammergau war somit erloschen. Dies bedeutete das Ende
einer jahrhundertelangen, engen Beziehung zwischen
dem Dorf und den beiden prägenden Nachbarklöstern.
Auch innerhalb der Gemeinde fanden politische Veränderungen aufgrund der Reformen des Grafen Montgelas
statt: Zunächst ihrer Selbstbestimmung beraubt, wurde
der Gemeinde erst 1818 – nach Montgelas Sturz – wieder
ein gewisses Selbstverwaltungsrecht, u. a. die freie Wahl
des Bürgermeisters, eingeräumt.

Hohe Herrschaften verkehren hier …

Neben den zahlreichen Besuchern aus aller Welt – 1860
waren es bereits ca. 100 000 – kamen auch der europäi-
sche Hochadel und die bayerischen Könige regelmäßig
nach Oberammergau. Seit König Ludwig I. galt ein Besuch
der Passionsspiele bei den bayerischen Regenten und ihren
Verwandten als selbstverständlich. Zu persönlichen Kontakten zwischen den Dorfbewohnern und ihrem Herr-
scherhaus kam es aber auch außerhalb der Passionsspielzeit. Die königlichen Jagdgesellschaften am Kofel und in
der Umgebung sowie der Bau des Schlosses Linderhof, an
dem viele Ammergauer mitwirkten, und nicht zuletzt das
Kunsthandwerk, das von den Monarchen mit Interesse und
finanziellen Zuwendungen unterstützt wurde, trugen zum
engen Verhältnis der Oberammergauer zu den Wittelsba-
chern bei. Ein besonders häufiger Gast war König Ludwig II.

Links: König Ludwig II. als 21-Jähriger im Jahr 1866

Rechts oben: Das Geschenk des Königs: Der Transport der Kreuzigungsgruppe durch Oberammergau vor ihrer Aufstellung auf dem Osterbichl 1875

»... nirgends wie es scheint wohnt Armut. Viele Häuser, weiß getüncht tragen Bilderschmuck [Lüftlmalerei] ... Hohe Herrschaften verkehrten hier, darunter heute: Königliche Hoheit Prinzessin Luise von Preußen, inkognito, mit ihren zwei Töchtern, Reisemarschall und Zofe ... Engländer, Franzosen, Amerikaner, Christen, Heiden und Juden bilden ein bewegtes Bild. Hunderte von Chaisen und Stellwagen brechen sich durch das Gedränge Bahn. Alles bewegt sich um die Tagesfrage: Billet, Quartier.«

Aus dem Reisetagebuch *Einmal Oberammergau und zurück* des Bauern Matthäus Storath, geführt im Passionsjahr 1890

Die Kreuzigungsgruppe – das monumentale Geschenk König Ludwigs II.

Der Transport des knapp zwölf Meter hohen Marmordenkmals über die Kienbergstraße den Ettaler Berg hinauf gestaltete sich schwierig. Eine bis dahin nie gesehene – und erstmals vom TÜV geprüfte – Straßenlokomotive konnte das Kreuz samt Sockel nur teilweise den Berg hinaufziehen – die 80 Mann starke Oberammergauer Feuerwehr musste mit Flaschenzügen nachhelfen. Beim Transport der Johannesfigur kam es zu einem tragischen Unfall, bei dem der Steinmetzmeister Franz Xaver Hauser und sein Geselle Kofelenz ihr Leben verloren. König Ludwig II. reiste von 1878 bis 1883 immer am Geburtstag seiner Mutter zum Osterbichl, um vor dem Denkmal zu beten. Dieser Platz ist nicht nur ein beliebtes Ziel für Wanderer, sondern auch ein Ort, der durch Messen in das kirchliche Geschehen Oberammergaus mit eingebunden ist.

Passionsgäste vor dem Büro Thomas Cook
in der Dorfstraße, 1922

Nur erwachsene Männer mit untadeligem Ruf und
körperlicher Fitness wurden aufgenommen: die
Freiwillige Feuerwehr anlässlich des 25-jährigen
Stiftungsfestes am 5. Mai 1895.

Ihm zu Ehren wurde im Jahr 1871 eine Separatvorstellung der Passionsspiele gegeben, die ihn tief beeindruckte. Zum Dank stiftete er den Oberammergauern ein monumentales Denkmal, das die Kreuzigungsszene mit Mutter Maria und dem Jünger Johannes darstellt und vom Münchner Bildhauer Johann von Halbig erschaffen wurde. Am 15. Oktober 1875, dem 50. Geburtstag der Königsmutter Marie, wurde die Kreuzigungsgruppe auf dem Osterbichl, einer kleinen Anhöhe oberhalb des Ortes, eingeweiht. König Ludwig hatte diesen Platz selbst ausgewählt.

Hot Spot Oberammergau

Der stetig ansteigende Besucherstrom während der Passionsspielzeit und der zunehmende Tourismus ab Mitte des 19. Jahrhunderts – der weltweit führende Reiseveranstalter Thomas Cook nahm Oberammergau 1880 in sein Programm auf – wirkten sich einerseits positiv auf die Entwicklung des Ortes aus, stellten ihn aber andererseits auch vor große organisatorische, infrastrukturelle und vor allem finanzielle Probleme: Es sollten genügend Unterkünfte

und Gasthäuser vorhanden sein, die Zufahrtsstraßen mussten entsprechend ausgebaut, das Passionstheater den steigenden Bedürfnissen angepasst werden. Man investierte in ein neues Krankenhaus, modernisierte die Wasserversorgung, gründete die Freiwillige Feuerwehr und traf Vorsorge gegen die immer wiederkehrenden Hochwasserkatastrophen. Die Bahnverbindung Oberammergau-Murnau wurde zwar von den Oberammergauern nicht unbedingt vorangetrieben, als sie aber im Jahr 1900 eingeweiht wurde, freundete man sich schnell mit dieser von den Passionsgästen und den »Sommerfrischlern« freudig begrüßten Neuerung an.

Ende des 19. bis Anfang des 20. Jahrhunderts wurden in Oberammergau zahlreiche Vereine gegründet, die erheblich zur kulturellen Vielfalt des Ortes beitrugen. Darunter waren der Musikverein, der Turn- und Sportverein, der Verschönerungs- und Fremdenverkehrsverein, der Leseverein, der Volkstrachtenverein sowie Vereine mit sozialem Engagement. Bereits seit 1836 existiert der St.-Lukas-Verein, der seine Aufgabe anfangs vor allem in der Unterstützung von

Die 47 Aufführungen der Passionsspiele 1900 wurden von 174 000 Gästen aus dem In- und Ausland besucht.

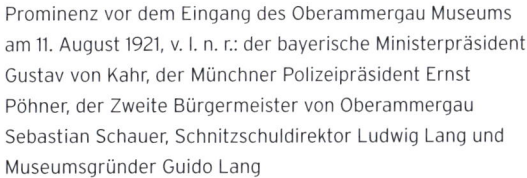

Prominenz vor dem Eingang des Oberammergau Museums am 11. August 1921, v. l. n. r.: der bayerische Ministerpräsident Gustav von Kahr, der Münchner Polizeipräsident Ernst Pöhner, der Zweite Bürgermeister von Oberammergau Sebastian Schauer, Schnitzschuldirektor Ludwig Lang und Museumsgründer Guido Lang

in Not geratenen Künstlern und Holzbildhauern sah und sich bis heute für deren Anliegen einsetzt. Für die Förderung und Ausbildung der Schnitzer wurden schon seit dem frühen 19. Jahrhundert Zeichenkurse abgehalten, die 1877 in der neu gegründeten Schnitzschule aufgingen. Dort werden immer noch auf hohem Niveau Holzbildhauer ausgebildet, die nach drei Jahren mit einer dem Gesellenbrief gleichgestellten Prüfung ihre Ausbildung abschließen können (vgl. S. 80).

Die Volkskunst macht Karriere

Im Jahr 1902 wurde in München überwiegend von Architekten und Bildhauern der Verein für Volkskunst und Volkskunde ins Leben gerufen, der sich »die Wiedererweckung volkstümlicher Hauskunst« zur Aufgabe machte. Unter den Gründungsmitgliedern waren auch der Oberammergauer Guido Lang, Besitzer des Holzschnitzwarenverlags Georg Lang sel. Erben, und der Münchner Architekt Franz Zell. Ihn beauftragte Guido Lang 1904, in Oberammergau ein Museum zu bauen, das vor allem der Schnitz- und

Hauskunst gewidmet werden sollte. Dass ein Privatmann wie Guido Lang ein Museum gründete, das er nicht nur extra bauen ließ, sondern auch alleine finanzierte, war zur damaligen Zeit eine absolute Ausnahme.

Franz Zell (1866–1961) plante und baute nicht nur das Oberammergau Museum, sondern auch die Schnitzschule. Er war mit seinem großen Engagement für die Volkskunst und seinem sicheren Gespür für die Integration seiner Architektur in das bestehende Ensemble ein Glücksfall für den Ort.

Das Museum verspricht eine spannende Entdeckungsreise durch fünf Jahrhunderte Schnitzkunst mit Kinderbegeisterungsgarantie.

Links unten: Im ›Dorf der Herrgottschnitzer‹ wurde auch Holzspielzeug in großem Umfang und hoher Vielfalt geschnitzt, wie Steckengaukler & Co. im ersten Stock zeigen.

Rechts unten: Die historische Oberammergauer Kirchenkrippe mit der Hochzeit von Kanaan

Kultureller Leuchtturm: Das Oberammergau Museum

»Die Sammlung möge ein bleibendes Denkmal sein für das rastlose Streben und den Kunstsinn Oberammergaus und ein Sporn für die Jugend, es den Alten gleichzutun.«

Guido Lang in einem Schreiben vom 14. Oktober 1914 an die Gemeindeverwaltung Oberammergau über seine Beweggründe für die Errichtung des Museums.

Es ist kaum zu verfehlen: Mitten im Ort, direkt an der Dorfstraße, steht das imposante Gebäude des Oberammergau Museums – ein Schmuckstück von innen wie von außen. 1904 von Guido Lang beim Münchner Architekten Franz Zell in Auftrag gegeben, wurde es 1910 unter dem Namen Verleger Lang'sches kunst- und kulturgeschichtliches Oberammergauer Museum eingeweiht. Der Schwerpunkt der Sammlung lag damals wie heute auf der Holzschnitzkunst, die in Oberammergau mittlerweile auf eine 500-jährige Tradition zurückblicken kann. Seit 1953 ist das Museum im Besitz der Gemeinde und wurde vor wenigen Jahren von Grund auf restauriert und konzeptionell mit viel Sachverstand, Herzblut und Fantasie umgestaltet. Interaktive Elemente, wechselnde Sonderausstellungen und ein museumspädagogisches Programm für Kinder verbinden das traditionelle Thema der Holzschnitzkunst mit der Moderne. Die umfangreiche Sammlung zeigt nicht nur Exponate aus rund fünf Jahrhunderten, sondern macht auch deutlich, dass sich in der Schnitzkunst die lokale Kunst- und Sozialgeschichte spiegelt (vgl. S. 75 ff.).

»Das Jahr 1914 brachte uns sehr viele Gäste, auch aus dem Auslande, die aber bei Ausbruch des Krieges Anfang August fluchtartig Oberammergau verließen.«

Aus meinem Leben (1930) von Anton Lang, bekanntester Jesusdarsteller in den Jahren 1900, 1910 und 1922

Der Holzschnitzwarenverleger und Museumsgründer Guido Lang mit seiner Tochter Hertha, 1904

Oberammergau zu Gast in Washington

Die wirtschaftlichen und sozialen Auswirkungen des Ersten Weltkrieges (1914–1918) waren auch in Oberammergau unmittelbar und in unerwarteter Intensität zu spüren: Viele Männer waren gefallen oder in Kriegsgefangenschaft geraten, im Dorf herrschte große Lebensmittelknappheit –

Lüftlmalerei mit *Rotkäppchen*-Motiv des ›Hänsel und Gretel-Heims‹

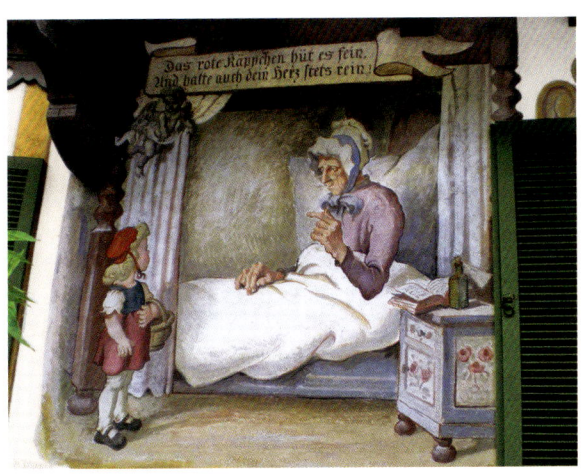

was im Übrigen zu einer drastischen Zunahme der Wilderei führte –, es gab keine Arbeit, und die Gäste blieben größtenteils aus. Um die Kriegswaisen zu versorgen, entstand schon während des Krieges der Plan eines Kinderheims, in dem Waisenkinder aus ganz Deutschland untergebracht werden sollten. Das ›Hänsel und Gretel-Heim‹ konnte aber erst 1922 nach einer großzügigen Spende der Deutsch-Amerikanerin Marie Mattfeld realisiert werden und bietet heute ca. 50 Kindern in familiären Notlagen ein Zuhause.

Das für 1920 geplante Passionsspiel musste aufgrund der schlechten Verpflegungs- und Verkehrssituation auf das Jahr 1922 verlegt werden. Man wählte dieses Jahr, da zeitgleich in München die Deutsche Gewerbeschau stattfand und man sich dadurch mehr Besucher versprach. Trotz Besucherrekord von ca. 310 000 Zuschauern war die finanzielle Lage in Oberammergau im Inflationsjahr 1923 jedoch katastrophal. Es gab weder Geld noch Arbeit für die rund 100 Schnitzer im Ort. Trotz der großen Not wurde das Angebot aus den USA, die Passionsspiele zu verfilmen, von der Gemeinde aus gutem Grund strikt abgelehnt. Um die Finanzsituation zu verbessern, wählte sie stattdessen

Teilnehmer der Amerikareise vor dem Weißen Haus, 15. März 1924

einen anderen Weg: Ausgestattet mit Schnitzwerken und anderen Kunsthandwerksarbeiten machte sich 1923 eine 14-köpfige Oberammergauer Delegation unter der Leitung von Anton Lang in die USA auf, um an Verkaufsausstellungen in amerikanischen Städten teilzunehmen. Die halbjährige Amerikareise, die zur erfolgreichen Werbetour für das Kunsthandwerk in Oberammergau wurde, führte die Gruppe auch nach Washington, wo sie vom amerikanischen Präsidenten empfangen wurde.

Anton Langs optimistische Einschätzung der Auftragsentwicklung bewahrheitete sich nicht ganz. Zwar gab es Arbeit, aber die Situation der Schnitzer blieb kritisch. Zu der weltwirtschaftlichen Lage kam hinzu, dass die Oberammergauer Hauskunst immer häufiger maschinell nachgemacht und als Original verkauft wurde. Der St.-Lukas-Verein ließ daraufhin 1928 für seine Schnitzwaren ein Warenzeichen eintragen, das bis heute Bestand hat.

In den 1920er-Jahren wurden in Oberammergau längst fällige Investitionen durchgeführt: Es entstand ein Altersheim,

Abschied von Amerika im Mai 1924

Jesus überquert den Hudson River

»... am nächsten Morgen befanden wir uns bereits auf dem Hudson River ... um acht Uhr erschien ein Dampfboot mit Musik und Komiteemitgliedern, um uns Ammergauer zu begrüßen. Fünfzig Journalisten und Photographen kamen an Deck und begannen uns zu photographieren, zu filmen und zu interviewen ...Von Neuyork aus machte ich einen Besuch bei Thomas Edison, dem großen Erfinder ... Der alte ehrwürdige Mr. Edison empfing den Petrus und mich sehr freundlich und erzählte uns, daß er bereits 1890 das Passionsspiel in Oberammergau gesehen habe ... Mr. Niffen brachte uns zum Weißen Haus, wo wir alle dem Präsidenten Coolidge vorgestellt wurden. Der Präsident reichte jedem die Hand, sprach einige Worte ... und wünschte uns guten Erfolg für unsere Ausstellung ... Dankbaren Herzens traten wir am 15. Mai nach halbjährigem Aufenthalt in Amerika die Heimreise an. Für zwei Jahre Arbeit konnten wir dem Heimatort mitbringen ... Unsere Schnitzer arbeiteten, sie lieferten Altäre und Möbel, religiöses und profanes Schnitzwerk nach Amerika.«

Aus meinem Leben (1930) von Anton Lang

Zeppelin über dem Postamt am 23. September 1930

eine eigene Post, die Evangelische Kirche, eine Turnhalle und schließlich die Unratabfuhr, die nach dem Vorbild von Großstädten wie München regelmäßig den häuslichen Müll abholte.

Oberammergau im Dritten Reich

Obwohl 1929 die Ortsgruppe der NSDAP in Oberammergau gegründet wurde, spielte die Partei bis 1933 nur eine Nebenrolle. Die Bürger und der Gemeinderat verhielten sich eher ablehnend, und als Adolf Hitler und Joseph Goebbels 1930 unter den Besuchern der Passionsspiele waren, brachte man ihnen weniger Beachtung entgegen als dem Automobilhersteller Henry Ford. Dies änderte sich jedoch nach der Machtergreifung 1933. Bereits wenige Tage danach wehten auf Geheiß des Reichskommissars für Bayern auch in Oberammergau an allen öffentlichen Gebäuden Hakenkreuzflaggen. Hitler besuchte 1934 die Jubiläumspassionsspiele, um

Eine knappe halbe Million Besucher kam 1950 zu den Passionsspielen nach Oberammergau, viele von ihnen mit organisierten Busreisen.

sie für einen seiner inszenierten, propagandistischen Auftritte zu missbrauchen. Die Spiele werden zur »reichswichtigen« Angelegenheit erklärt und von den Machthabern zum Teil ideologisch vereinnahmt.

In den Jahren zwischen 1934 und 1939 wurden in Oberammergau im Zuge der nationalsozialistischen Arbeitsbeschaffungspolitik einige Bauvorhaben verwirklicht: Die weitere Regulierung der Ammer, der Bau von Wohnungen, ein neues Schulhaus, das Alpenbad St. Gregor und eine – von den Oberammergauern nicht befürwortete – Kaserne der Wehrmacht für 800 Soldaten unterhalb des Labers. Heute befindet sich auf dem Gelände die Bundeswehrverwaltungsschule und die NATO School.

Wegen des Ausbruchs des Zweiten Weltkrieges (1939–1945) musste das Passionsspiel 1940 ausfallen, da die meisten Musiker und Darsteller ihren Einberufungsbefehl erhielten. Trotzdem war in Oberammergau bald kein freies Bett mehr zu finden – statt der Passionsbesucher und Touristen flüchteten sich Menschen aus bombengefährdeten Gebieten in das Dorf. Viele von ihnen mussten weichen,

als 1943 die Messerschmitt AG einen Teil ihrer Rüstungsproduktion nach Oberammergau verlegte und ihre leitenden Mitarbeiter im Ort unterbrachte. Die Hälfte der Arbeiter waren Zwangsarbeiter, die im Lager Rainenbichl in Baracken lebten. Am 29. April kamen endlich die Amerikaner nach Oberammergau. Der Zweite Bürgermeister Alfred Bierling ging ihnen entgegen und teilte ihnen mit, dass der Ort frei von Militär sei – der Krieg war für Oberammergau zu Ende. Der Ort hatte 119 Gefallene zu beklagen, 17 Oberammergauer starben kurz nach Kriegsende an den Folgen ihrer Verwundungen, 54 blieben vermisst und 93 waren in Kriegsgefangenschaft geraten.

Die Friedensspiele

In den Jahren nach dem Krieg lag der Fremdenverkehr nicht nur in Oberammergau vollkommen brach. Umso erwartungsvoller blickte man auf das Passionsspieljahr 1950, das Jahr, das Papst Pius XII. zum Heiligen Jahr erklärt hatte. Man machte sich die berechtigte Hoffnung, dass Gäste aus Übersee eine Reise nach Rom mit Oberammergau

Koffermarke zu den Passionsspielen 1950

Das Skigebiet am Kolben ist mit seinen acht Liften nicht nur für Familien ein Skiparadies, sondern auch für Tourengeher.

verbinden würden. Die ›Friedensspiele‹ – im Sinne der neuen Völkerverständigung – übertrafen alle Erwartungen und ermöglichten den Oberammergauern nicht nur, den riesigen Schuldenberg abzubauen, der bei der Vorbereitung der Spiele entstanden war, sondern den Überschuss in den Wohnungsbau und die Verbesserung der Infrastruktur für die Belebung des Fremdenverkehrs zu investieren.

Einige Klischees, die heute über Oberammergau in der Presse immer wieder zu lesen sind, haben zum Teil ihren Ursprung in den 1950er-Jahren. Zum einen wurde das Dorf im zerstörten Nachkriegsdeutschland zu einer heilen Welt hochstilisiert, ohne zu beachten, dass auch Oberammergau viele Probleme zu bewältigen hatte. Zum anderen wurde in den 1950er-Jahren Kritik an der zu kommerziellen Vermarktung des Passionsspiels laut. Zu viel Trubel und zu viel Kitsch drohten, dem Ruf der Spiele zu schaden. Die Oberammergauer steuerten entschieden – und bis heute erfolgreich – dagegen an und kümmerten sich verstärkt um die Verbesserung des Fremdenverkehrs, um den finanziellen Druck auf die Passionsspiele zu mindern.

Der Wintertourismus, der in den 1920er-Jahren in Oberammergau Fuß gefasst hatte, wurde mit neuen Liften auf den Kolben und mit der Laberbergbahn belebt. Seit 1954 wurde Oberammergau Ziel der Wintersportzüge aus München und anderen Großstädten, und es fanden auch wieder – wie bereits in den 1930er-Jahren – Skimeisterschaften statt.

Streitkultur in Oberammergau

In den 1960er-Jahren wurden Proteste gegen die Passionsspiele laut, die bis hin zu Boykottaufrufen führten. Der Passionstext, dem antijudaistische Tendenzen vorgeworfen wurden, musste überarbeitet werden. Es begann eine langwierige und zum Teil hitzig geführte Diskussion innerhalb des Dorfes – Traditionalisten standen gegen Reformwillige. Das erbitterte Ringen um den Text, aber auch um die gesamte Ausrichtung des Passionsspiels – Gottesdienst oder Theater – dauerte bis in die 1980er-Jahre an. Unter dem Spielleiter Christian Stückl und dem Dramaturgen Otto Huber kam es im Jahr 2000 zur größten Textreform seit 1860.

Oberammergaus starke Frauen: Der Kampf um die Gleichberechtigung bei der Teilnahme an den Passionsspielen hatte auch zur Folge, dass sich die Oberammergauer Frauenliste e. V. gründete, aus deren Reihen erstmals 1990 Frauen in den Gemeinderat gewählt wurden.

Rechte Seite: Winterliches Pulvermoos mit Blick auf den Kofel

Aber nicht nur über Inhalte des Passionsspiels, sondern auch über die Teilnahme der Frauen wurde gestritten. Nach zwölf Jahren Diskussion wurde schließlich 1990 vom Oberlandesgericht entschieden, dass entgegen der bisherigen Regel nun auch verheiratete Frauen und Frauen über 35 Jahren beim Passionsspiel mitspielen durften.

Seitdem ist es um die Passionsspiele allerdings nicht ruhig geworden. Nach wie vor wird in Oberammergau diskutiert wie in kaum einer zweiten Gemeinde: Der Ort kann sich rühmen, die meisten Bürgerentscheide in Bayern durchzuführen. Diese Streitkultur wird manchmal von außen belächelt, aber sie zeigt vor allem eines: Den Oberammergauern liegt ihr Ort und ihre Kultur am Herzen, und sie überlassen es nicht einigen wenigen, sich darum zu kümmern, sondern fühlen sich alle mitverantwortlich. Und das verdient höchsten Respekt.

Das moderne Dorf

Das Bestreben, die Infrastruktur in Oberammergau weiterhin zu verbessern, setzte sich in den vergangenen vier Jahrzehnten fort: Das Rheumazentrum mit internationalem Ruf, die Umgehungsstraße, die den Ortskern entlasten sollte, der Ammerausbau gegen das immer wiederkehrende Hochwasser, das Ammergauer Haus als Informations- und Veranstaltungszentrum für die Gäste, der Bau des Erlebnisbades WellenBerg, das im Landkreis einzigartig ist – dies sind nur einige der realisierten Projekte, die so manch einer Kleinstadt zur Ehre gereichen würden.

Seit den 1990er-Jahren entwickelte sich auch in Oberammergau ein neues Umweltbewusstsein. Als Luftkur- und Urlaubsort liegt dem Dorf der Erhalt seiner einmalig schönen Landschaft durch naturfreundlichen Tourismus besonders am Herzen, was sich in den vielfältigen Freizeitangeboten und Tourismusprogrammen widerspiegelt (vgl. S. 99 ff.).

Neben der Pflege der Infrastruktur und des Fremdenverkehrs steht in Oberammergau die Kultur mit an oberster Stelle – auch außerhalb der Passionsspielzeit. Der Ort kann auf eine lange Musik- und Theatertradition

Szene aus *Jeremias* im Passionstheater

Unten: Tourismusinformation, Gaststätte, Tagungsräume und zahlreiche Veranstaltungen: Das Ammergauer Haus in der Eugen-Papst-Straße ist zentraler Anlaufpunkt für Gäste und Einheimische.

zurückblicken, die sich schon früh auf hohem Niveau bewegte. Beispielsweise wurden in Oberammergau bereits 1838 Theaterstücke von August von Kotzebue gespielt, die zu jener Zeit eher auf den großen Bühnen der Großstädte zu sehen waren.

Die Förderung der musikalischen und schauspielerischen Talente im Dorf wird seit dem 19. Jahrhundert bis heute intensiv gepflegt und erklärt die großartige Qualität der Sänger und Instrumentalisten der Passionsspiele wie auch ihrer Darsteller. Zwischen der Passion stehen in Oberammergau neben Stücken wie *Hunderter im West'ntaschl* oder der *Brandner Kaspar* auch Klassiker wie *Romeo und Julia* und *Wie es Euch gefällt* sowie hochkarätige Operninszenierungen auf dem Spielplan. Christian Stückl – Passionsspielleiter der Jahre 1990, 2000 und 2010 – ließ im Juli 2005 mit einer Aufführung des *König David* und 2007 mit *Jeremias* die jahrhundertealte Oberammergauer Tradition

Im Jahr 2005 zeigten die Oberammergauer *König David* im Passionstheater.

der Kreuzschule wieder aufleben, bei der zwischen den Passionsspielen Stücke aus dem *Alten Testament* auf die Passionsbühne gebracht werden. Seit 1933 wird außerdem im Jahr vor der Passion mit deren Darstellern das Stück *Die Pest* aufgeführt, das erzählt, wie das »hitzige Fieber« nach Oberammergau kam und das Passionsgelübde nach sich zog.

Die Musikszene im Ort ist genauso facettenreich und hochkarätig wie seine Theaterlandschaft: Das Oberammergauer Passionstheater ist häufig Schauplatz großartiger klassischer Konzerte und glanzvoller Opernaufführungen, die weit über die Landesgrenzen hinaus Beachtung finden. Natürlich wird auch die traditionelle Volksmusik in Oberammergau gepflegt. Und selbst wilde Blasmusiktöne mit Techno- und Punkeinflüssen sind im Ammertal zu hören – in Oberammergau findet jeder Musikgeschmack seine Entsprechung.

Die internationalen Opernstars Renée Fleming und Rolando Villazón sorgten 2008 für einen unvergesslichen Galaabend im Passionstheater.

AM ANFANG WAR DIE PEST

Die Passionsspiele

»Das spannendste an dieser Aufgabe bleibt die Auseinandersetzung mit der Figur des Jesus von Nazareth. Seit meiner Jugendzeit bin ich auf der Suche nach ihr … Immer wieder die Frage: wie stellt man IHN dar? Ein Passionsspiel kann nicht nur ein Historienspiel sein. Doch wie kann man Glaubensdinge auf die Bühne bringen? Wie eine Auferstehung, wie die Abendmahlsszene darstellen. Jesus – ganz Mensch und zugleich Gott. Eigentlich eine unmögliche Aufgabe.«

Christian Stückl, Passionsspielleiter der Jahre 1990, 2000 und 2010

Kostüm ›Der Neid‹ für die Rosner-Probe 1977

Vorhergehende Doppelseite: Das Pessachmahl

Abb. unten, von links nach rechts:

Backstage: Blick in die Passionsgarderobe

Die ›Gründungsurkunde‹ der Passionsspiele, Oberammergau 1633. Broschüre zur Ausstellung im Foyer des Passionstheaters aus dem Jahr 2000

Eines der ältesten erhaltenen Passionsspielrequisiten ist dieses 2 m x 1,45 m große Holzdromedar, um 1800.

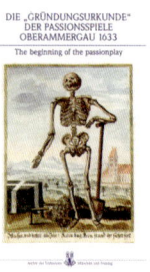

Schwarzer Tod in Bayern

»Anno 1631. Wegen dem noch fortdauernden Schwedischen Krieg, theuren zeiten, und Kriegs-Unruhen haben die Krankheiten sowohl in Bayern als Schwaben eingerissen, so ist auch Allhier allenthalben ein hitziges Fieber oder Kopfwehe entstanden, daß sehr Viele Leuth daran gestorben sind.«

Aus der von einem unbekannten Verfasser erstellten Oberammergauer Dorfchronik von 1485 bis 1733

Die Pestmatrikel

Tintenfraß, Pilzbefall, umgeknickte Ecken, Einrisse und andere Beschädigungen drohten das älteste Kirchenbuch Oberammergaus aus dem 17. Jahrhundert zu zerstören. Vor wenigen Jahren wurde die sogenannte Pestmatrikel jedoch aufwendig restauriert und somit eines der historisch wertvollsten Dokumente des Ortes gerettet. Da es keine schriftlichen Aufzeichnungen des Pestgelübdes aus dem Jahr 1633 gibt, gilt diese 400 Seiten umfassende Pfarrmatrikel als ›Gründungsurkunde‹ der Passionsspieltradition. Aus dem handschriftlichen Verzeichnis geht u. a. hervor, dass

zwischen Ende September 1632 und Oktober 1633 etwa 10 Prozent der Dorfbewohner der Pest zum Opfer fielen. Eine Faksimileausgabe der Pfarrmatrikel kann in den Jahren zwischen den Passionsspielen in der Dorfkirche St. Peter und Paul besichtigt werden. Während der Spielzeit wird sie im Rahmen einer Sonderausstellung im Foyer des Passionstheaters Oberammergau gezeigt.

Eine andere Zeitrechnung

Seit Jahrhunderten denkt das Dorf Oberammergau im Rhythmus der Passion: Die Geburt eines Kindes, der Hausbau, die Beerdigung des Nachbarn: war das vor der Passion oder danach? Während der Passion selbst dreht sich alles nur ums Spiel, dann wird nicht gebaut und auch weniger gestorben – das ist statistisch erwiesen.

Das Passionsspiel – kurz und bündig

Die Passionsspiele finden im Zehnjahresrhythmus von Mitte Mai bis Anfang Oktober fünfmal pro Woche statt. In über 100 Aufführungen, die jeweils 6 Stunden dauern, werden die Ereignisse zwischen Palmsonntag und Ostern

Der Eingang des Passionstheaters

dargestellt. Alle rund 2 000 Mitwirkenden, vom Platzanweiser über die Schauspieler bis zu den Chorsängern, sind entweder im Ort geboren oder wohnen dort seit mindestens 20 Jahren – eine Ausnahme wird nur im Orchester gemacht. 2010 wird das Passionsspiel erstmals am Nachmittag beginnen, sodass nach einer dreistündigen Pause bis in die Abendstunden hinein gespielt wird. Über die Hälfte der erwarteten 500 000 Besucher kommt aus dem englischsprachigen Raum.

Das Passionstheater bietet 4 750 Besuchern Platz und ist eine Freilichtbühne mit überdachtem Zuschauerraum. Es verfügt sogar über eine ausfahrbare Regendachkonstruktion, die das Spielen bei Regen ohne Beeinträchtigung ermöglicht. Die gesamte Organisation ist perfekt: Unterkünfte, Parkmöglichkeiten, Kartenvorbestellung und Arrangements – an alles ist gedacht, selbst eine Kinderbetreuung während der Aufführungen ist möglich.

Lust am Spielen

Theater gespielt wird in Oberammergau schon, seit man denken kann – es gibt hier regelrechte Laienschauspiel-Dynastien, und nicht selten stehen vier Generationen einer Familie miteinander auf der Bühne. Dass das schauspielerische Niveau in Oberammergau sehr hoch ist, liegt nicht nur an der Kompetenz der Spielleiter, sondern auch an dem hohen Stellenwert, den das Theater in Oberammergau von alters her einnimmt: Um die Darsteller für die Passion schauspielerisch vorzubereiten, wurden seit dem 18. Jahrhundert Übungsspiele aufgeführt – zunächst auf der Passionsbühne, die zu diesem Zweck abgeteilt wurde, ab dem 19. Jahrhundert in einem eigenen Übungstheater in der Schnitzlergasse, dem heutigen Kleinen Theater.

Nicht nur das Theaterspielen, sondern auch die Musik wird in Oberammergau in einer großen Bandbreite gepflegt – von bayerischer Volksmusik bis hin zu Werken klassischer Musik oder Blasmusik mit Techno- und Punkeinflüssen der Jungen Wilden. Die verschiedenen Oberammergauer Chöre sowie der Musikverein sind Garanten für die Förderung der musikalischen Talente im Ort – und davon gibt es viele: Mit wenigen Ausnahmen kommen die rund 110 Chorsängerinnen und -sänger sowie das 80-köpfige Passionsorchester alle aus Oberammergau.

Die Passionsspiele in Oberammergau

Kirche und Theater – das ist eine jahrhundertealte Allianz, wie die Passions-
spieltraditionen in vielen Ländern Europas seit dem Mittelalter zeigen.
Auch in Oberammergau wurden schon vor dem Pestgelübde 1633 geistliche
Spiele auf die Bühne gebracht. Aus vielerlei Gründen, nicht zuletzt durch
Verbote der kirchlichen und weltlichen Obrigkeit, fand die Passionsspiel-
tradition im 18. Jahrhundert fast überall ihr Ende – außer in Oberammergau.
Hier wird das Passionsspiel seit 1634 alle zehn Jahre aufgeführt, und es ist
damit das älteste, das sich kontinuierlich bis heute erhalten hat.

Wer wird der nächste Jesus? In dem Moment, wenn Willi Häßler, seit 1960 der ›Mann an der Tafel‹, die Kreide zückt, um die Namen der doppelt besetzten Hauptrollen zu schreiben, hält nicht nur ganz Oberammergau den Atem an. Hier die Verkündung der Spielerwahl für das Passionsjahr 2010.

Rechte Seite: Der Weg nach Golgatha, Maria begegnet ihrem Sohn.

Das Vorspiel

Das Stück *Die Pest* wird seit 1933 traditionsgemäß im Jahr vor den Passionsspielen in Oberammergau aufgeführt und ist sowohl thematisch als auch atmosphärisch eine ideale Einstimmung auf die kommende Passion. Die rund 150 Laienschauspieler wirken auch bei den Passionsspielen mit, und für so manch einen Hauptdarsteller ist es eine gute Gelegenheit, sich vor großem Publikum zu beweisen. *Die Pest* erzählt eindrucksvoll die Geschichte, wie die Seuche nach Oberammergau kam, wie das monatelange Sterben die Dorfbewohner zutiefst verzweifeln ließ und wie sie schließlich das Passionsgelöbnis im Jahr 1633 ablegten.

Das Pestgelübde

Schwedische Soldaten, die im Zuge des Dreißigjährigen Krieges 1632 marodierend bis nach Bayern vorgedrungen waren, brachten die Pest ins Land, die sich in Windeseile auszubreiten begann. Auch in den Nachbargemeinden Eschenlohe und Kohlgrub waren »erschröcklich Viele Leuthe gestorben«, so ein unbekannter Oberammergauer

Das Stück *Die Pest* erzählt, wie der Schwarze Tod nach Oberammergau kam: Die aufgebrachten Dorfbewohner ziehen vor das Haus des Tagelöhners Kaspar Schisler.

Der Totengräber ist in seinem Element.

>»Die Pest steht vor der Tür und niemand will sie reinlassen – doch der Tod ist schon hier ... er holt sich erst einmal die Ratten, dann die Kinder, die Alten und schließlich kann sich niemand mehr vor ihm verstecken.«

Der Totengräber Faistenmantel im Stück *Die Pest* nach einem Text von Martin F. Wall und Motiven von Leo Weismantel

Dorfchronist, der gleichzeitig die »fleißigen« Pestwachen des eigenen Dorfes rühmte, die dafür sorgten, dass die Bewohner bis dahin noch verschont geblieben waren. Dies änderte sich, als sich der Tagelöhner Kaspar Schisler 1632 an den Wachen vorbeistahl, um das Kirchweihfest in Oberammergau mit Frau und Kindern zu feiern. Er hatte sich zwei Jahre zuvor in Eschenlohe bei einem Bauern als Sommermahder verdingt und brachte nun – ohne es zu wissen – den Schwarzen Tod in sein Heimatdorf.

In kürzester Zeit starben 84 Erwachsene und eine nicht bezifferte Anzahl von Kindern. Daraufhin kamen 1633 »in diesen Leydweßen die Gemeinds-Leuthe die Gemeinds-Leuthe Sechs und Zwölf zusammen ... und haben die Pasions-

Tragedie alle 10 Jahre zu halten Verlobet, und von dieser Zeit an ist kein einziger Mensch mehr gestorben«, wie in der Chronik zu lesen ist, die 100 Jahre später – 1733 – erschien.

Um von der Pest erlöst zu werden, stifteten die Oberammergauer keine Kirche und brachten keine Kerzenopfer dar, wie es andere Gemeinden taten. Sie gelobten stattdessen, alle zehn Jahre die Passion aufzuführen, bei der jeder im Ort mitwirken konnte. Die Oberammergauer errichteten auf dem Friedhof eine Bühne und führten bereits an Pfingsten 1634 die Passionsgeschichte zum ersten Mal auf. Seither fielen die Passionsspiele nur zweimal aus: 1770 aufgrund eines generellen Verbots von religiösen Spielen in Bayern durch Kurfürst Maximilian III. Joseph und im

Der Neubau des Passionstheaters 1890

Jahr 1940 wegen des Zweiten Weltkriegs. Oberammergau erfüllt seit über 370 Jahren sein Gelübde, das vor jedem Passionsjahr im Rahmen einer feierlichen Zeremonie erneuert wird. Stellvertretend für die Gemeinde gelobte 2009 ein elfjähriger Ministrant: »Eingedenk des Gelübdes und getreu dem Verspruch unserer Vorfahren werden wir in Oberammergau im Jahr 2010 das Passionsspiel aufführen.«

Das Passionstheater

Zwischen der vermutlich schlichten Bretterbühne, die für das erste Passionsspiel 1634 auf dem Friedhof neben der Kirche St. Peter und Paul errichtet wurde, und der heutigen Passionsbühne mit ihrer raffinierten Architektur und großartigen Atmosphäre liegen Welten. Nach fast 200 Jahren wurde 1830 die Holzbühne vom Friedhof auf den Platz des heutigen Passionstheaters verlegt. Dort entstand 1890 nach Plänen von Carl Lautenschläger ein Neubau, der wiederum aus Holz war und sich an der alten Form orientierte. Das Passionsjahr 1900 brachte für die Zuschauer eine willkommene Veränderung: Der bis dahin freie Zuschauerraum wurde mit einem Dach versehen, das auf der noch

Die Montage der Eisengerüstkonstruktion des überdachten Zuschauerraums, Aufnahme vom 23. September 1899

Schon als Kind wollte Christian Stückl nur eines werden: Passionsspielleiter in Oberammergau. Zunächst absolvierte er – wie alle Spielleiter vor ihm – eine Ausbildung zum Holzbildhauer an der Schnitzschule in Oberammergau, bevor sein Traum mit 29 Jahren in Erfüllung ging und er 1990 zum jüngsten Passionsspielleiter gewählt wurde. 2010 inszeniert Stückl zum dritten Mal die Passionsspiele und versprach dafür wieder »einige Veränderungen«. Schon im Jahr 2000 kam es unter seiner Leitung zusammen mit dem Dramaturgen Otto Huber zu der größten Reform der Passionsspiele seit 1860. Seit 2002 ist Christian Stückl Intendant des Münchner Volkstheaters, inszeniert aber auch auf anderen Bühnen, wie z.B. an den Münchner Kammerspielen, bei den Salzburger Festspielen und an diversen Opernbühnen.

heute bestehenden Eisengerüstkonstruktion aus sechs Halbkreisbögen ruht. Die gesamte, ca. 120 Tonnen schwere Konstruktion wurde in nur 3 ½ Monaten montiert.

Im Jahre 1930 bekam das Passionstheater dann durch den Neubau nach den Entwürfen von Raimund und Georg Johann Lang ein ganz neues Gesicht. Während der Platz, der Grundriss und die Gliederung der Holzbühne von 1890 beibehalten wurden, erhielt das Theater durch den klaren, asketischen und monumentalen Stil seine bis heute im Wesentlichen unveränderte Architektur. Die damals 5 208 Zuschauerplätze wurden 1980 zugunsten der Erweiterung der Vorderbühne auf ca. 4 750 Sitzplätze verringert. Seit 2008 verfügt die Passionsbühne über ein Hightech-Dach aus Stahl und Kunststoff, das bei Regen ausgefahren werden kann und dennoch die Atmosphäre der Freilichtbühne nicht beeinträchtigt.

Ein halbes Dorf steht auf der Bühne

»Es wird Überraschungen geben und Enttäuschungen. Aber ich bitte Euch, nehmt's sportlich!« Christian Stückl, der für 2010 zum dritten Mal die Spielleitung der Passion

übernahm, trat am 18. April 2009 kurz vor der Verkündung der Spielerwahl vor die versammelte Menge und versuchte, sich Gehör zu verschaffen: Wer zu den Auserkorenen der 36 Haupt- und rund 120 weiteren Sprechrollen gehört, wussten bis zu diesem Zeitpunkt nur er und der Gemeinderat, der seine Besetzungsvorschläge abgesegnet hatte. Der bayerische Ministerpräsident, zwei Bischöfe, zahlreiche Ehrengäste, die Presse und vor allem die Oberammergauer versammelten sich nach einem ökumenischen Gottesdienst vor dem Passionstheater und blickten gespannt auf den ›Mann an der Tafel‹, der mit stoischer Ruhe die Namen der Darsteller für die doppelt besetzten Hauptrollen an die Tafel schrieb.

Fast 2 500 Oberammergauer – davon über 450 Kinder – hatten sich bei Christian Stückl beworben und werden zwischen Mai und Oktober bei 102 Aufführungen auf und hinter der Bühne stehen. Einige von den erwachsenen Darstellern waren schon als Kleinkind auf dem Arm ihrer Mutter dabei und spielen – hochbetagt – noch heute mit.

Die Kinder wachsen von klein auf in den Ablauf der Passionsvorbereitungen hinein: Tägliche Probentermine

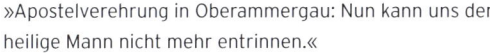

»Apostelverehrung in Oberammergau: Nun kann uns der
heilige Mann nicht mehr entrinnen.«

Zeichnung von Rudolf Wilke aus dem *Simplicissimus* vom 26.06.1900

»Aus Oberammergau: Als Beweis für die tiefergreifende und erhe-
bende Wirkung des Passionsspiels wird uns berichtet, daß nach der
letzten Vorstellung ein Engländer den Judas niedergeboxt hat.«

Zeichnung von Thomas Theodor Heine aus dem *Simplicissimus* vom 06.06.1910

müssen monatelang mit Schul- und Arbeitszeiten abge-
stimmt werden, Stimmbildungsunterricht muss genom-
men, Texte müssen gelernt und Kostüme anprobiert
werden – das Passionsspiel verlangt von den Mitwirkenden enormes Engagement. Nebenbei haben die zahlreichen Proben auch eine wunderbare soziale Kompo-
nente: Verschiedene Generationen und Dorfbewohner,
die sonst nur wenige Berührungspunkte haben, sitzen
in den Probenpausen beisammen, reden miteinander
und wachsen zu einer eingeschworenen Gemeinschaft zusammen. Dieses Zusammengehörigkeitsgefühl spiegelt

sich auch in den unnachahmlichen Massenszenen wider, die voll ungekünstelter, bunter Lebendigkeit sind
und für die das Oberammergauer Passionsspiel u. a. so
berühmt ist.

In früheren Zeiten war für die Passionsdarsteller zu-
weilen der Spagat zwischen dem realen Leben und ihrer
Bühnenrolle nicht einfach zu bewältigen: Es konnte
dem Judasdarsteller durchaus passieren, dass er außerhalb
des Theaters von Passionsbesuchern schief angesehen
wurde, während Jesus oder seinen Jüngern eine geradezu
abgöttische Verehrung zuteil wurde.

Kompetente Hilfe für Jesus beim Binden seines Lendenschurzes

Christian Stückl probt mit den jüngsten Darstellern.

Proben zum Einzug in Jerusalem

Wer darf mitspielen?

Jeder Oberammergauer, der im Dorf geboren ist oder dort seit mindestens 20 Jahren
lebt, kann bei den Passionsspielen mitwirken. Zwischen 1922 und 1990 durften nur
unverheiratete Frauen mitspielen, die nicht
älter als 35 Jahre sein durften, wobei der
Überhang der weiblichen Darsteller nach
dem Ersten Weltkrieg zur Einführung dieses Beschlusses mit beigetragen haben
mag. Seit 1990 dürfen sowohl verheiratete
als auch unverheiratete Frauen über 35
Jahren mitspielen – und auch die Religionszugehörigkeit ist seit dem Jahr 2000 keine
Voraussetzung mehr für das Mitwirken an
den Passionsspielen.

Der Haar- und Barterlass

Mit einem Aushang am Passionstheater wird der sogenannte Haar-und Barterlass verkündet: Rund ein Jahr
vor Beginn der Passionsspiele lassen sich von nun an alle
Mitwirkenden Haare und Bärte bis zum Ende der Spiele
wachsen. Ausgenommen sind die Darsteller der römischen
Soldaten, die Orchestermusiker und die Helfer hinter
der Bühne.

Der Passionstext: Von der ›Tragedi‹ bis zum
modernen Textbuch

Der älteste erhaltene Text des Oberammergauer Passionsspiels ist eine Abschrift aus dem Jahr 1662 von dem Oberammergauer Schulmeister Georg Kaiser. Die Verse stammen größtenteils aus einem Spiel des Spätmittelalters,
dessen Handschrift im Augsburger Benediktinerkloster
St. Ulrich und Afra gefunden wurde, und dem Werk des Augsburger Meistersingers Sebastian Wild aus dem Jahre 1566.

Bis Mitte des 18. Jahrhunderts wurde das Spiel mehrmals von Patres aus den Klöstern Ettal und Rottenbuch bearbeitet und in Akte und Szenen eingeteilt. Zur *Passio Nova*

Oberammergauer Dienstmänner im Passionsjahr 1922

wurde das Stück 1750 durch die Überarbeitung des Ettaler
Benediktinerpaters Ferdinand Rosner, der ihm die Formensprache des geistlichen Barocktheaters verlieh. Dieser
Text wurde in Bayern vielfach kopiert und machte Oberammergau zum Vorbild für andere Passionsspielorte. In
den Zeiten des Aufführungsverbotes aller geistlichen Spiele
in Bayern – 1770 fällt das Oberammergauer Passionsspiel
aus diesem Grund aus – legt Pater Magnus Knipfelberger

Reise auf den Spuren Jesu ins Heilige Land:
Das Kernensemble der Passionsspiele 2010
besucht im Spätsommer 2009 Jerusalem.

Die älteste erhaltene Fassung des Passionstextes von 1662

»Für den Einzug in Jerusalem
hatte die Gemeinde einen Esel
angeschafft, der in meinem Hause
untergebracht wurde. Er war bald
mit dem Spiele so vertraut, daß
er allein zum Theater trabte,
wenn seine Zeit gekommen war
und sich am hinteren Eingang
in seiner Sprache bemerkbar
machte.«

Aus meinem Leben (1930) von Anton Lang

Der Passionsesel 1950

Rechts: Joseph Alois Daisenberger, von 1845 bis 1883 Pfarrer in Oberammergau, war das »Urbild eines gütigen Priesters« (Ludwig Thoma in seinen *Erinnerungen*). Die Gemeinde hat Daisenberger auf dem Friedhof ein Denkmal errichtet.

Das Passionsleitungsteam 2010, v.l.n.r.: Michael Bocklet (Dirigent), Otto Huber (2. Spielleiter/Dramaturgie), Christian Stückl (1. Spielleiter), Markus Zwink (Musikalische Leitung), Stefan Hageneier (Bühnenbild und Kostüme)

Die nach dem Zweiten Weltkrieg aufkommende Diskussion um die antijudaistischen Tendenzen des Passionsspieltextes erforderte wiederum mehrere Überarbeitungen des Stückes. Namhafte Theologen wurden um Mithilfe gebeten, und die Gemeinde führte einen jahrzehntelangen Dialog mit Vertretern des Judentums in Deutschland, Amerika und Israel. Mit der Neuinszenierung des Passionsspiels von 2000 unter dem Spielleiter Christian Stückl und dem Dramaturgen Otto Huber wurden missverständliche Passagen und Darstellungen gestrichen, um etwaigen Antijudaismus endgültig auszuschließen. Zugleich war es Christian Stückl auch für die Passion 2010 wichtig, den Figuren größere Individualität zu verleihen und Jesus nicht auf sein Leid zu beschränken, sondern die Konsequenz, mit der er seinen Glauben lebte – und die ihn ans Kreuz brachte – darzustellen.

Die Passion in Noten

Ihre erste Erwähnung findet die Musik im Passionsspiel von 1674 – Trompeten sollen den Auftritt des Hohen Rates und des Pilatus untermalt haben. Rund 80 Jahre später

aus dem Kloster Ettal eine gekürzte Fassung vor und erwirkt damit für 1780 ein Spielprivileg für Oberammergau. Die erste Prosafassung des Textes aus dem Jahre 1811 stammt aus der Feder des Ettaler Paters Dr. Othmar Weis und ist bis heute eine der Grundlagen des Spieltextes. Zwischen 1850 und 1870 überarbeitet der Oberammergauer Pfarrer und Spielleiter Joseph Alois Daisenberger den Text mehrmals, der zusammen mit dem Weis-Text die zweite Grundlage für den heutigen Spieltext darstellt. Seit 1900 gibt es ein offizielles Textbuch mit einem vollständigen Text.

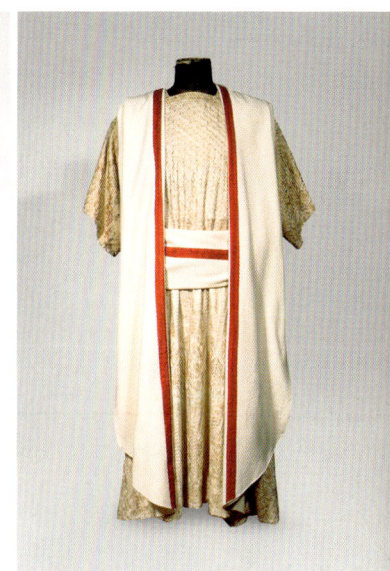

Das Gewand und die Kopfbedeckung des Hohepriesters Kaiphas gehören zu den ältesten erhaltenen Kostümen aus der zweiten Hälfte des 18. Jahrhunderts.

Die Amtstracht von Pilatus

wird der Musik in Pater Ferdinand Rosners überarbeitetem Passionsspiel bereits eine größere Bedeutung beigemessen: Er fügt die ›Schutzgeister‹ hinzu, die den Ursprung des heutigen großen Chores bilden und das Bindeglied zwischen den ›Lebenden Bildern‹ und der Handlung darstellen. Für die Passionsspiele von 1811, 1815 und 1820 schrieb der Oberammergauer Lehrer und Kirchenmusiker Rochus Dedler mehrere musikalische Fassungen. Eine davon ging beim großen Dorfbrand von 1817, dem 34 Häuser und das Gemeindearchiv zum Opfer fielen, in Flammen auf, nachdem sie nur einmal gespielt wurde.

Dedlers Musik wurde von den Passionsdirigenten im Laufe der Zeit immer wieder verändert und den neuen Erfordernissen angepasst. 1950 beauftragte die Gemeinde den Generalmusikdirektor Prof. Eugen Papst mit einer Neubearbeitung der Passionsmusik, um die vielfachen Veränderungen, die zum Teil als Verfälschung von Dedlers Musik empfunden wurden, zu bereinigen. 2010 übernimmt Markus Zwink zum dritten Mal die musikalische Leitung der Passionsspiele und wird auch durch seine eigenen Kompositionen zeitgenössische Akzente setzen.

Dornenkrone, Harnisch, Brokatgewand: Die Kostüme und Requisiten der Passionsspiele

Die ältesten erhaltenen Passionsspielkostüme stammen aus dem 18. Jahrhundert und zeichnen sich durch wertvolle Materialien und sorgfältige Ausführung aus. Ebenfalls aus dieser Zeit existiert auch die Geißelsäule, eines der ältesten Requisiten des Passionsspiels, das noch erhalten geblieben ist.

Unter dem Spielleiter Johann Evangelist Lang wurden in den Jahren 1880 und 1890 mit der Unterstützung und Beratung des Münchner Hoftheaters ein Großteil der Kostüme erneuert. Die Entwürfe, die sich zum Teil an assyrischen und ägyptischen Vorlagen orientierten, zeigen das damalige große Bemühen um historische Genauigkeit. Die Neuinszenierung von 1930 brachte sowohl für das Bühnenbild als auch für die Kostüme große Veränderungen, so trat z. B. die Pilatusfigur das erste Mal nicht mehr in Rüstung, sondern in einer kostbaren Amtstracht auf, die bis 1984 verwendet wurde. Der Bühnen- und Kostümbildner Stefan Hageneier entwarf für die Passionsspiele im Jahr 2000 wunderschöne neue Kostüme und Szenenbilder und ist auch 2010 für Bühnenbild und Kostüme verantwortlich.

Jesus wird von Herodes verhöhnt und als
König aller Narren ausgerufen.

Die Passionsspiele · 63

Chronik der Passionsspiele

1633
Pestgelübde

1634
Die erste Aufführung findet auf dem Friedhof neben der
Kirche St. Peter und Paul mit 60–70 Darstellern statt.

1664
Verwendung des ältesten erhaltenen Oberammergauer
Passionstextes von 1662, dessen Verse aus zwei Passions-
spielen aus dem 15. bzw. 16. Jahrhundert stammen.

1674
Erweiterung des Textes durch Szenen aus dem Weil-
heimer Spiel von Johannes Älbl.

1680
Übergang zur Aufführung in den Zehnerjahren, der
Grund dafür ist nicht bekannt.

1690
Die erste erhaltene Gemeinderechnung belegt Ausgaben
für das Passionsspiel.

1700
Spielleitung hat der Oberammergauer Bernhart Steinle.

1710
Spielleitung und Reimverbesserung durch Benefiziat
Thomas Ainhaus.

1720
Einteilung des Spiels in Akte und Szenen; Trennung von
Bühnen- und Zuschauerraum.

1730
Textbearbeitung durch den Rottenbucher Augustiner-
Chorherren Anselm Manhardt mit Einführung allegori-
scher Figuren und den ›Lebenden Bildern‹.

1740
Versverbesserung durch den Rottenbucher Augustiner
Clemens Prasser.

1750
Passio Nova des Ettaler Benediktiners Pater Ferdinand
Rosner. Der Text Rosners wird zum Vorbild für andere
Passionsspielorte.

1760
Zwei Aufführungen mit ca. 14 000 Besuchern.

1770
Verbot aller Passionsspiele in Bayern – erstmals entfällt
die Aufführung.

1780
Nach einer Textbearbeitung durch Pater Magnus Knipfel-
berger – u. a. werden die allegorischen Figuren sowie die
Teufelsszenen gestrichen – erhält Oberammergau ein
Privileg für die Passionsaufführung.

1790
Erstmals Verkauf von Eintrittskarten sowie Erwähnung
in der Presse.

1800
Spielbewilligung aufgrund eines Privilegs von 1791.

1811

Nachdem das Oberammergauer Spielprivileg 1801 für erloschen erklärt wurde, finden erst in diesem Jahr wieder Passionsspiele statt. Der neue, in Prosaform gehaltene Text stammt vom Ettaler Pater Othmar Weis mit der Musik des Oberammergauer Lehrers Rochus Dedler.

1815

Sonderspiele nach Beendigung der napoleonischen Kriege.

1820

Letztes Spiel auf dem Friedhof.

1830

Aufbau der Bühne nach Plänen von Korbinian Unhoch am nördlichen Rand des Dorfes mit Platz für 5 000 Zuschauer.

1840

Besucherzunahme durch Zeitungsberichte Prominenter u. a. in der englischen Presse.

1850

Kleinere Textbearbeitung durch Pfarrer Joseph Alois Daisenberger, der auch die Spielleitung übernimmt. Die Organisation erfolgt durch den Passionsausschuss.

1860 und 1870

Von der Regierung geforderte Textüberarbeitungen durch Joseph Alois Daisenberger.

1871

Fortsetzung des Spiels von 1870, das durch den Krieg unterbrochen worden war.

1880

Spielleiter Johann Evangelist Lang.

1890

Bühnenumbau durch Carl Lautenschläger.

1900

Bau der überdachten Zuschauerhalle; erstmals offizielles Textbuch mit vollständigem Text. Starke Prägung des Spiels durch den Christusdarsteller Anton Lang.

1910

Ca. 223 600 Zuschauer in 56 Aufführungen.

1922

Die wegen schlechter Nachkriegsverhältnisse ausgefallenen Spiele von 1920 werden unter dem Spielleiter Georg Johann Lang – bis 1960 – nachgeholt.

1930

Bühnenumbau und Erweiterung des Zuschauerraumes auf 5 200 Plätze.

1934

Jubiläumsspiele mit verbilligten Eintrittspreisen und Eisenbahnfahrten. Besuch von Adolf Hitler am 13. August.

1940

Durch den Krieg entfällt das Passionsspiel.

1950

Ergänzungen und Neuinstrumentierung der Musik durch Prof. Eugen Papst.

1960

Diskussion über die Darstellung der Juden im Text und Spiel. Textkorrekturen werden vom Ettaler Abt Dr. Johannes Höck vorgenommen.

1961

Carl Orff empfiehlt in der von der Gemeinde initiierten Diskussionsrunde, auf den Rosner-Text zurückzugreifen.

1970

Nach gescheiterten Reformversuchen des Textes bleibt man beim geringfügig veränderten Weis/Daisenberger-Text, was als unbefriedigend empfunden wird und durch die Anti-Defamation-League zu Boykottaufrufen führt. Unter der Spielleitung von Anton Preisinger werden 102 Aufführungen mit ca. 530 000 Besuchern gezeigt.

1977

Die Rosner-Probe nach Hans Schwaighofers Reformvorschlag.

1980

Spielleiter Hans Maier, Textbearbeitung durch den Ettaler Pater Gregor Rümmelein; Reduzierung der Zuschauerplätze auf ca. 4 700.

1984

Jubiläumsspiele mit 480 000 Besuchern in 101 Aufführungen; weitere Textbearbeitung durch Spielleiter Hans Maier und Pater Gregor Rümmelein sowie Veränderung des Bühnenbilds.

1990

Der jüngste Spielleiter der Passion Christian Stückl – damals 29 Jahre alt – und Otto Huber erwirken eine Verjüngung bei der Vergabe der Hauptrollen. Durch Gerichtsurteil wird erwirkt, dass erstmals sowohl verheiratete als auch unverheiratete Frauen über 35 Jahren mitspielen dürfen.

2000

Erneute Renovierung des Passionsspielhauses. Die Religionszugehörigkeit wird als Mitwirkungsvoraussetzung aufgehoben. Unter dem Spielleiter Christian Stückl und Otto Huber kommt es zur größten Textreform seit 1860. Es entstehen rund 2 000 neue Kostüme und 28 neue Szenenbilder, entworfen vom Oberammergauer Bühnenbildner Stefan Hageneier. Markus Zwink, der schon 1990 die Musikalische Leitung innehatte, bearbeitet die Dedlermusik. Im 40. Spieljahr kommen 520 000 Besucher.

2010

Spielleiter Christian Stückl setzt durch, dass die Aufführungen am Nachmittag beginnen und nach einer dreistündigen Pause bis in die Abendstunden hinein reichen. Otto Huber, Markus Zwink und Stefan Hageneier gehören wie 2000 wieder zum Passionsleitungsteam.

Aus *Die Erlösung spielen*, hrsg. von Helmut W. Klinner und Michael Henker, Oberammergau 1993, mit Ergänzungen von Annette von Altenbockum

VOM HERRGOTTSCHNITZER BIS ZUM LÜFTLMALER

Das Kunsthandwerk in Oberammergau

»In Ammergau kommen die Buben schon als Herrgottschnitzer auf d' Welt.«

Aus *Der Herrgottschnitzer von Ammergau* von Ludwig Ganghofer (1880)

Hier entsteht keine Massenware, sondern ein Unikat: Holzbildhauermeister Florian Haseidl setzt ebenso wie die anderen Oberammergauer Schnitzer auf echte Handarbeit.

Im Depot des Oberammergau Museums schlummert noch manch eine Kostbarkeit.

Reisenotizen aus dem Jahr 1890

»Der Ort hat 1 300 Einwohner, die meisten davon sind Holzschnitzer. Ackerbau gibt es hier gar nicht, Viehzucht wenig. Von einem Pflug ist hier gar keine Rede. In dem großen Schnitzwarengeschäft von Langs Erben sehen wir einen sehr reichen Vorrat, eine Mannigfaltigkeit, die geradezu staunenswert ist. Es ist dies ein Laden wie er in keiner Stadt größer in seiner Branche ist.«

Aus dem Reisetagebuch *Einmal Oberammergau und zurück* des Bauern Matthäus Storath, geführt im Passionsjahr 1890

Die Holzschnitzmeisterin Helga Stuckenberger spielte 1984, 1990 und 2000 die Maria Magdalena.

Joseph Albrecht bei der Arbeit an einer Monumentalplastik des hl. Rupertus für die St. Rupert Kirche in München, um 1903

Nur echt mit dem Stempel

Ursprünglich 1836 als Solidargemeinschaft der Schnitzer für gegenseitige Hilfe im Krankheits- und Notfall gegründet, vertritt der St.-Lukas-Verein heute die Anliegen seiner Mitglieder, pflegt den Zusammenhalt der Oberammergauer Holzbildhauer und präsentiert ihre Arbeiten in Jahresausstellungen. Um sich auch für das Laienauge deutlich von Plagiaten abzuheben, tragen die Oberammergauer handgeschnitzten Unikate den Stempel des St.-Lukas-Vereins.

Mit dem Qualitätssiegel ›Ammergauer Alpen KunstHandwerk‹ dürfen nur die Kunsthandwerksbetriebe der Region werben, die garantieren, dass ihre Werke in eigenständiger Handarbeit in den Ammergauer Alpen entstehen und ihre Künstler seit mindestens drei Jahren kontinuierlich in dem Gewerk tätig sind. Darüber hinaus müssen zumindest zwei der folgenden Kriterien erfüllt werden: Die Herstellung und Gestaltung nach eigenem Entwurf, keine Massenwarenproduktion aus industrieller Herstellung, Herkunft des Rohstoffs aus den Ammergauer Alpen sowie die Verbindung zum Brauchtum und Kultur dieser Region.

Das Kunsthandwerk

Die Tradition des Kunsthandwerks in Oberammergau reicht bis ins Mittelalter zurück. Im Jahr 1508 schrieb der Florentiner Francesco Vettori in seinem Reisebericht *Viaggio in Alemagna* über die Oberammergauer Holzschnitzer: »... wo der Großteil der Bewohner, um leben zu können, feinste Bildschnitzereien und Cruzifixe anfertigte oder auch in Nußschalen eingeschnitzte andere Bildnisse und ähnliche Dinge, die sie nach auswärts zum Verkauf forttrugen.«

An der Oberammergauer Kirchenkrippe, die für die 1742 fertiggestellte Pfarrkirche St. Peter und Paul geschaffen wurde, haben über 100 Jahre lang Generationen von Oberammergauer Schnitzern gearbeitet. Die Krippe war kein Auftragswerk, sondern wurde auf Eigeninitiative der Schnitzer hergestellt. Die ältesten der rund 200 Figuren stammen aus dem 18. Jahrhundert. Das Bild zeigt einen Ausschnitt des Zuges der Könige. Die historische Krippe ist im Oberammergau Museum zu sehen.

Rechte Seite: Balkonfiguren im Oberammergau Museum

Links oben: In der Krippensammlung des Oberammergau Museum wird eine reiche Auswahl des breiten Spektrums der Oberammergauer Krippen gezeigt.

Rechts oben: Ein Rottfuhrwerk als Holzspielzeug

Unten: »Hier lieg' ich als ein Kind: bis ich als Richter straff d. Sünd.« Das Hinterglasbild *Jesuskind mit Leidenswerkzeugen* entstand um 1850 und ist in der Ausstellung ›Welten hinter Glas‹ im Pilatushaus zu sehen.

Das »zum Verkauf forttragen« besorgten zu jener Zeit Kraxnträger, die als Hausierer durch das Land zogen. Aber schon zu Beginn des 18. Jahrhunderts gründeten die Oberammergauer Handelsniederlassungen in ganz Europa und verkauften von dort aus die Schnitzwaren aus der Heimat. Im Ort selbst gab es ab 1775 einen Holzschnitzverleger, den Schnitzer, Glas- und Fassmaler Georg Lang. Dieser hatte seinen kleinen Handwerksbetrieb, ermutigt durch die steigende Nachfrage an Schnitzarbeiten, zu einem Handelsunternehmen ausgebaut, das rasch zum wichtigsten Arbeitgeber des Ortes wurde.

Neben dem Schnitzhandwerk entwickelten sich noch weitere Kunsthandwerke in Oberammergau: Die älteste Auflistung stammt aus dem Jahr 1786 und erschien im *Chur-Pfalz-Baierischen Regierungs- und Intelligenzblatt*: Über 30 Schnitzer, die Kruzifixe herstellten und »deßwegen meistens Herrgottschneider genannt« wurden, 18 Schreiner, 10 Vergolder und 9 Glasmaler wurden damals im Ort registriert. Knapp 50 Jahre später waren bereits 68 der 218 Haushalte – also rund 30 Prozent – direkt oder

Die fein gedrechselten und geschnitzten Ringdöschen und das schlanke Nadeletui, alle aufschraubbar, stellen Miniaturkopien von Denkmälern berühmter Persönlichkeiten dar.

Nachempfundener Ammergauer Kraxnträger, um 1890

indirekt im Kunstgewerbe tätig. Die Bandbreite der Oberammergauer Kunsthandwerker reichte vom Schnitzer und Fassmaler über Schreiner, Drechsler, Wachsbossierer, Vergolder, Krippenbauer, Hinterglasmaler bis hin zum Spiegelschleifer, Glaskreuzhersteller, Hafner und Töpfer. Im Laufe der Zeit veränderte sich in Oberammergau immer wieder die Struktur des Kunstgewerbes, einige Berufe verloren an Bedeutung, andere erlebten eine Blütezeit.

Die Oberammergauer Künstler hinterließen in der ganzen Welt ihre Handschrift – und tun dies bis heute. Ob geschnitzte Altäre in Amerika, Denkmäler in China, Skulpturen für Porzellanmanufakturen oder zeitgenössische Bildhauerei: Die breit gefächerte Kreativität der Oberammergauer Künstler ist ein Phänomen, das sich auch in der jungen Generation fortsetzt. Bis heute haben sich rund 60 Kunsthandwerksbetriebe in Oberammergau erhalten. Ihre traditionellen und zum Teil selten gewordenen Arbeitstechniken können in der ›Lebenden Werkstatt‹ im Pilatushaus live miterlebt werden.

Die ›Lebende Werkstatt‹ im Pilatushaus

Von Mitte Mai bis Mitte Oktober und in der Vorweihnachtszeit herrscht nachmittags im Erdgeschoss des Pilatushauses geschäftiges Treiben: Schnitzer, Weber, Hinterglasmaler, Korbflechter, Krippenstallbauer, Bildhauer, Töpfer und Maler – um nur einige der Kunsthandwerke des Ortes zu nennen – geben Besuchern die Gelegenheit, ihnen bei der Arbeit zuzusehen und Fragen zu stellen. Das Konzept der ›Lebenden Werkstatt‹ wird seit mehr als 30 Jahren erfolgreich in Oberammergau umgesetzt und erfreut sich vor allem bei Familien mit Kindern größter Beliebtheit – der Eintritt ist übrigens frei.

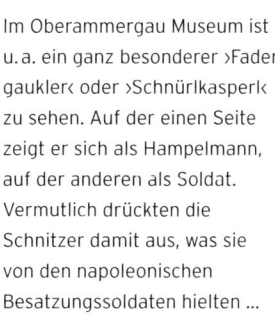

Im Oberammergau Museum ist u.a. ein ganz besonderer ›Fadengaukler‹ oder ›Schnürlkasperl‹ zu sehen. Auf der einen Seite zeigt er sich als Hampelmann, auf der anderen als Soldat. Vermutlich drückten die Schnitzer damit aus, was sie von den napoleonischen Besatzungssoldaten hielten ...

Vom Kruzifix bis zum Fadengaukler – Schnitzkunst in Oberammergau

Das breite Spektrum der Schnitzkunst aus Oberammergau beeindruckt sowohl durch die Ausmaße der Arbeiten – von der erwähnten Nussschale bis zu meterhohen Skulpturen und Kirchenaltären –, durch die Schnitztechnik und die Materialien als auch durch die Motivvielfalt: Neben religiösen Schnitzwerken wie Kruzifixen, Krippenfiguren oder Gnadenbildern wurden auch profane Schnitzarbeiten in Serie hergestellt und in die ganze Welt exportiert: Fadengaukler (Hampelmänner), Spielzeugkleinfiguren wie Bauern und Soldaten, Tiere, Wägen und Gliederpuppen, aber auch aufwendige Tischspiele für Erwachsene, kostbare Nadeletuis oder Schatullen. Einen umfangreichen Querschnitt dieser Arbeiten zeigt das Oberammergau Museum, das dem Besucher nicht nur die Geschichte und die enorme Kunstfertigkeit der Schnitzer nahebringt, sondern durch sein zeitgemäßes Konzept ein spannendes Erlebnismuseum ist (vgl. S. 36).

Highlights aus dem Oberammergau Museum

Nachdem der Besucher von einer großen Holzskulptur König Maximilians II. im Eingangsbereich des Museums willkommen geheißen wurde, wendet er sich zunächst dem ›Gefrorenen Theater‹ zu, der Krippenausstellung. Sie zeigt eine großartige Auswahl an unterschiedlichsten Krippen: von der großen Papierkrippe des Lüftlmalers Franz Seraph Zwinck über die kleinste bekleidete Krippe mit nur sieben Zentimeter großen Figuren bis hin zur berühmten Oberammergauer Kirchenkrippe, von der sich bereits König Ludwig II. tief beeindruckt zeigte und für die er 1872 extra anreiste. Ein interessanter Aspekt der verschiedenen Krippenfiguren ist ihre Bekleidung, in der sich die Kostümgeschichte der Passion widerspiegelt.

Im ersten Stock wird der Besucher durch mehrere, weitgehend authentisch erhaltene, historisch eingerichtete Räume geführt. Spielzeuge der unterschiedlichsten Art, darunter das bewegliche Modell von der Eroberung der Festung Scharnitz durch die Franzosen im Jahre 1805 oder Musterkoffer mit

Adam und Eva von Hyazinth Reiner (1790–1852). Die nur zehn Zentimeter großen Figuren wurden vermutlich nach einer Kupferstichvorlage von Albrecht Dürer geschnitzt.

Links und rechts je ein Ringdöschen mit einer Schweizer Sennerin und einem Schweizer Senner mit Aussteuer. In der Mitte vier Nadeletuis, wovon die äußeren eine Tirolerin mit Zither und einen Tiroler Jäger darstellen. Dazwischen ist die Miniaturkopie des Albrecht-Dürer-Denkmals in Nürnberg und des Schillerdenkmals in Stuttgart zu sehen.

Miniaturspielzeug, geben einen spannenden Einblick in die bis Ende des 19. Jahrhunderts erfolgreiche und weltweit exportierte Oberammergauer Spielwarenproduktion. Themen wie das Abendmahl oder die sogenannte Kofljagd sind wunderbare Beispiele religiöser und profaner Feinschnitzereien, die ebenfalls im Obergeschoss zu bewundern sind.

Der Rundgang führt den Besucher weiter in zwei Räume, die vergangene Zeiten spürbar werden lassen: Der eine, ein helles und gediegen-bürgerlich eingerichtetes Zimmer eines Oberammergauer Schnitzwarenhändlers – die Verlegerstube –, der andere, dunkel und eng mit schlichtem Mobiliar – die Schnitzerstube. Diese stammt tatsächlich aus dem Haus des Schnitzers Thomas Rendl (1838–1916).

Die beeindruckende Sammlung von Kruzifixen und die Exponate der Oberammergauer Schnitzer- und Bildhauer des 20. Jahrhunderts geben einen Einblick in die große Spannweite der Schnitzkunst: vom religiösen zum profanen, vom traditionellen zum modernen Kunstwerk. Das Dachgeschoss widmet sich den wechselnden Sonderausstellungen.

Neben den Erzählstationen, die den Besucher informativ und kurzweilig durch die Ausstellung begleiten, bietet die Mediensäule in der Galerie einen zusätzlichen Service: Zahlreiche Detailinformationen und Fotos über Leben und Werk der Oberammergauer Schnitzer, Kunsthandwerker und ehemaliger Schüler der Schnitzschule aus über 250 Jahren können am Computerterminal abgerufen werden.

Bis Ende des 19. Jahrhunderts exportierten die Oberammergauer ihr Holzspielzeug in die ganze Welt. Dann brachte die Industrialisierung einen Konkurrenten hervor, der das Holzspielzeug lange Zeit verdrängte: Die industriell gefertigten Blechspielwaren eroberten die Kinderzimmer.

Links oben: Die Arche Noah

Links unten: Zwei Figuren, die bis ins kleinste Detail kunstvoll gearbeitet sind.

Rechts: Reiter aus dem Oktoberfestzug

Links oben: Dieser orientalische Pferdeführer mit seinem Hengst wurde von Hyazinth Reiner geschnitzt und ist ein Prinzenspielzeug.

Links unten: Die Tierschnitzerei wurde Anfang des 19. Jahrhunderts zwar zur Frauendomäne, die Pferdeschnitzerei blieb jedoch ganz den Männern vorbehalten.

Rechts: Puppenköpfe wurden wie anderes Spielzeug auch in Serie hergestellt.

1909 wurde die Schnitzschule in der Ludwig-Lang-Straße eingeweiht. Das alte Gebäude an der Ettaler Straße war für die damals 100 Schüler zu klein geworden, und so beauftragte man Franz Zell mit dem Neubau.

Rechte Seite: Der Schnitzschuldirektor Ludwig Lang (1844–1939)

Die Schnitzschule – Sprungbrett zur Akademie

Im Garten der Oberammergauer Staatlichen Berufsfachschule für Holzbildhauer – so die offizielle Bezeichnung der Schnitzschule – wartet ein Hund vor der roten Ampel am Zebrastreifen, wenige Schritte von ihm entfernt sitzt ein in sich zusammengesunkener Bettler und bittet um Almosen, beide reglos und doch voller Leben: Es sind Holzskulpturen der Schnitzschüler, die den Besucher der Jahresausstellung der Schule im Garten empfangen. Die Räume der altehrwürdigen Schnitzschule verwandeln sich zu dieser Zeit in eine Galerie, in der die drei Jahrgänge mit jeweils rund fünfzehn Schülern ihre Arbeiten präsentieren. Dabei wird die breit angelegte künstlerische sowie praxisorientierte Ausbildung in den verschiedenen Fächern deutlich: Entwerfen, Modellieren, Skulpturarbeit, Zeichnen, Schreinern,

Welten hinter Glas

Während im Erdgeschoss des Pilatushauses die ›Lebende Werkstatt‹ eine geschäftige Arbeitsatmosphäre verbreitet, strahlt die Hinterglasbildersammlung, die in den vier Räumen des ersten Stocks gezeigt wird, einen geradezu ›entschleunigenden‹, reizvollen Charme aus. Die Sammlung zählt zu den größten Europas und zeigt unter anderem Hinterglasbilder, die Maler wie Wassily Kandinsky und Gabriele Münter zu ihren Werken inspirierten.

Die Hinterglasbilder stammen aus der Sammlung des Murnauer Braumeisters Johann Krötz, der ebenso wie der Oberammergauer Schnitzwarenverleger Guido Lang Mitglied des Münchner Vereins für Volkskunst und Volkskunde war. Krötz sammelte bis Ende des 19. Jahrhunderts über 1 000 Hinterglasbilder aus Oberammergau und dem Staffelseegebiet – Murnau, Seehausen, Uffing – und stellte damit einen sehr frühen, geschlossenen Bestand dieser bedeutenden Hinterglasregion zusammen. 1955 erwarb die Gemeinde Oberammergau einen Großteil der Sammlung Krötz und konnte 1987 durch eine Schenkung die Hinterglasbildersammlung des Oberammergau Museums um zahlreiche Bilder aus dem Bayer- und Böhmerwald sowie anderen Regionen erweitern.

Drechseln, Fassen, Vergolden, verschiedene Gusstechniken und Steinbearbeitung stehen auf dem Stundenplan. Nicht nur zur Jahresausstellung lohnt es sich, hier vorbeizuschauen. Es werden Führungen angeboten, die dem Besucher einen interessanten Einblick in die Geschichte und Geschichten der Schnitzschule ermöglichen.

Seine jungen Künstlertalente verstand Oberammergau schon früh zu fördern: Seit 1802/03 wurden zunächst Zeichenkurse abgehalten, die ab 1836 von akademisch ausgebildeten Zeichenlehrern in einer Zeichenschule geleitet wurden. Der Schnitzer und Schulleiter Tobias Flunger führte zusätzlich zum Zeichen- den Modellierunterricht ein. Sein Nachfolger Ludwig Lang begann 1877 mit dem Schnitzunterricht – und machte damit die Zeichenschule zur Schnitzschule. Nach den Plänen des Architekten Franz Zell, der auch das Oberammergau Museum entworfen hatte, entstand ein Neubau, in dem die Schnitzschule seit 1909 untergebracht und für den ein Erweiterungsbau in Planung ist.

Unter den angehenden Künstlern ist ein Ausbildungsplatz an dieser Schule heiß begehrt. Nach der Gesellenprüfung zum Holzbildhauer haben sie den Grundstein für Berufe wie Bühnenbildner, Restaurator, Kunstschreiner oder Grafikdesigner gelegt, können ihren Meister machen oder an einer Kunstakademie studieren.

Die Hinterglasmalerei

Die Technik der Hinterglasmalerei hat schon die Menschen in der Antike fasziniert. Im 16. Jahrhundert gelangte diese Kunst, die zunächst dem Kaiser, Adel und Klerus vorbehalten war, von Italien aus nach Mitteleuropa. Ab Mitte des 18. Jahrhunderts wurde die Hinterglasmalerei von der Volkskunst entdeckt und fand eine weite Verbreitung, bevor sie im Laufe des 19. Jahrhunderts durch die billigeren, farbigen Lithografien verdrängt wurde.

Hinterglasbilder aus Oberammergau (um 1800–1850) aus der Werkstatt Joseph Mangold

Inspiration für den Blauen Reiter

Wassily Kandinsky und Gabriele Münter lernten Anfang des 20. Jahrhunderts in Murnau die Sammlung Krötz kennen und waren gemeinsam mit ihren Künstlerkollegen des Blauen Reiters von der Farben- und Formensprache der Hinterglasmalerei fasziniert. Sie begannen selbst zu sammeln, ließen sich von den Bildern inspirieren und übernahmen die Technik für ihre eigenen Kompositionen. Den hohen Stellenwert, den diese Künstler der Hinterglasmalerei einräumten, lässt sich daran ablesen, dass Franz Marc und Wassily Kandinsky neun Bilder aus der Sammlung Krötz in ihren Almanach *Der Blaue Reiter* aufnahmen, das bedeutendste Künstlermanifest des 20. Jahrhunderts.

Die Lüftlmalerei zeigt ihren Charme nicht nur in den großen Motiven, sondern auch in den kleinen Details, deren Entdeckung besondere Freude macht.

Die Lüftlmalerei

Oberammergau zählt zu den Ursprungsorten der bayrischen Lüftlmalerei, die sich von Italien ausgehend im 18. Jahrhundert im Voralpenraum etablierte. Entlang der Handelsstraße zwischen Venedig und Augsburg entstanden einige Zentren dieser Handwerkskunst – so auch in dem Ort Oberammergau.

Die Ostfassade des Pilatushauses an der Ludwig-Thoma-Straße (vgl. S. 30)

Rechte Seite: Das staatliche Forstamt wurde größtenteils um 1785 von Franz Seraph Zwinck bemalt. Die Lüftlmalerei der Frontfassade ist jüngeren Datums, sie entstand erst im letzten Jahrhundert.

Wohlhabende Händler, Bauern und Handwerker ließen ihre Häuser mit dieser speziellen und bis heute für den Ort charakteristischen Maltechnik schmücken. Dabei wurden die Farben auf den noch feuchten Putz aufgetragen und verbanden sich beim Trocknen zu einer wetterbeständigen Schicht. Die Motive stammen vorwiegend aus dem religiösen Themenkreis, viele nehmen Bezug auf die Passionsspiele. Aber auch Märchenmotive und Geschichten über die Hausbewohner oder über die Dorfchronik – nicht selten mit humorvollen Anspielungen für Insider – zieren als Wandfresken die Oberammergauer Häuserwände. Viele der Häuser sind mit kleinen Tafeln versehen, auf denen ihre Geschichte nachzulesen ist.

»Ein nicht zu verachtender Maler ...«

... sei er gewesen, ist im Totenbuch über Franz Seraph Zwinck, Oberammergaus berühmtesten Lüftlmaler, nachzulesen. Obwohl er 1792 nach langer Krankheit im Alter von nur 44 Jahren starb, hinterließ er ein umfangreiches, beeindruckendes Werk: Angefangen bei Deckengemälden und Fresken, mit denen er die Pfarrkirche St. Peter und Paul und die Wallfahrtskirche Kappel in Unterammergau sowie Kirchen der näheren Umgebung verzierte, über Ölgemälde und Portraits bis hin zu den Lüftlmalereien, für die er – und Oberammergau – weltbekannt wurden. Sein berühmtestes Werk ist am Pilatushaus zu bewundern, aber auch das heutige Forstamt – damals das Wohnhaus des Benefiziaten Joseph Daser –, das Kölblhaus, das Haus Hohenleitner, das sogenannte Mußldonahaus oder das Geroldhaus sind Beispiele seiner hervorragenden Kunst.

Zu Lebzeiten wurde Franz Seraph Zwinck in allen Gemeinde- und Kirchenunterlagen schlicht als Maler bezeichnet, zum Lüftlmaler wurde er erst später. Ob sich von ihm – da er eine Zeit lang in einem Haus mit dem Namen Beim Lüftl gewohnt haben soll – die Bezeichnung Lüftlmalerei ableitet, ist historisch nicht belegt. Vielleicht stand auch das schnelle Arbeiten in luftiger Höhe Pate bei der Namensgebung oder aber Alois Frietingers Erzählung *Der Lüftlmaler von Oberammergau* aus dem Jahr 1910.

Brauchtum in und um Oberammergau

»Treu dem guten alten Brauch«

Wahlspruch des Oberammergauer Trachtenvereins D'Ammertaler

Vorder- und Rückseite der Fahne des Volks-
trachtenvereins Oberammergau im
Jahre 1893, geweiht am
11. Juni 1903

Oberammergauer in Bürgertracht (mit Kraxnträger) für den Festzug
anlässlich der Prinzregentenfeier in München am 12. April 1891

Rechte Seite:

Links oben: Bub mit Bariton

Rechts oben: Die Festtagstracht
mit den Fischotterhauben für die
Frauen und den Krönlein für die
Mädchen

Unten: Schuhplattler und ihre
Dirndln beim Tanz

Brauchtumsfeste im Oberammergauer Jahreslauf

Oberammergau ist weltberühmt für die Passionsspiele, sein Kunsthandwerk und seine Theater- und Musiktradition. Darüber hinaus gibt es aber auch eine Vielzahl an traditionellen Festen und Bräuchen in Oberammergau und Umgebung zu entdecken, die zum Teil seit Jahrhunderten bestehen und bis heute gepflegt werden.

Der Leonhardiritt in Unterammergau ist mit seinen rund 140 festlich geschmückten Pferden, Kutschen und Festwagen ein Höhepunkt der Brauchtumsfeste im Ammertal. Jedes Jahr lockt er Tausende von Besuchern an.

Der König-Ludwig-Lauf in Oberammergau ist Teil der Worldloppet-Tour, einer Serie von Skimarathons in der ganzen Welt.

König-Ludwig-Lauf

Er ist unbestritten der beliebteste und größte Volksski-langlauf Deutschlands: Seit 1968 findet jedes Jahr – sofern das Wetter mitspielt – am ersten Februarwochenende in Oberammergau der König-Ludwig-Lauf statt, bei dem sich rund 4 000 Teilnehmer auf die Loipen begeben. Die Sportler, die aus über 30 Nationen kommen, laufen auf den Spuren von König Ludwig vom Start in Ettal durch das Graswangtal bis nach Oberammergau, wo der Zieleinlauf im Sportzentrum jedes Jahr zu einem spannenden Höhepunkt wird. Die Läufer können zwischen der kürzeren (23 Kilometer) und der traditionellen, langen Loipe (50 Kilometer) wählen, die direkt am Schloss Linderhof vorbeiführt, und haben die Möglichkeit, die Strecken entweder im klassischen oder freien Stil zu absolvieren. Kinder und Jugendliche von sechs bis vierzehn Jahren können am fünf Kilometer langen ›Mini-Kini‹ teilnehmen und werden von den zahlreichen Zuschauern ebenso angefeuert wie die Großen.

Breznangeln

Wenn am Faschingsdienstag der Faschingsumzug durch den Ort zieht, geht es in Oberammergau hoch her. Die Kinder scharen sich besonders um den Wagen, von dem Brezn und Würstl an Angelschnüren herabhängen – dann heißt es geschickt und schnell zuschnappen! Die Älteren im Dorf erinnern sich, dass dieser Brauch schon zur Jugendzeit ihrer Väter gepflegt wurde. Zwischendurch in Vergessenheit geraten, wurde das Breznangeln vom Trachtenverein in den 1960er-Jahren wieder aufgegriffen und ist bis heute eine Riesengaudi.

Hier heißt's schnell zuschnappen und danach geht's zum Kinderfasching ins Kleine Theater.

Im Passionsjahr fällt der Fasching in Oberammergau aus – auf die Gratisbrezn müssen einige der Kinder jedoch nicht verzichten, denn am ersten Schultag werden vom Lehrer die sogenannten Marxer Brezn an die Erstklässler verteilt. 1927 legte der Hauptlehrer a.D. Leo Marxer mit einer Stiftung den Grundstein für diesen Brauch, der bis heute von der Gemeinde fortgeführt wird.

Österlicher Handwerkermarkt

Am Samstag und Sonntag (Palmsonntag) vor Ostern werden jedes Jahr rund 40 Kunsthandwerker aus Oberammergau und den Nachbargemeinden ins Ammergauer Haus eingeladen, um ihre Werke zu präsentieren und anzubieten. Neben Arbeiten von Holzschnitzern, Porzellanmalern oder Keramikern sind auch Klosterarbeiten aus Ettal und künstlerische Ei-Kreationen zu bewundern.

Fronleichnamsprozession

Wie in vielen bayrischen Gemeinden findet auch in Oberammergau 60 Tage nach Ostersonntag eine feierliche Fronleichnamsprozession statt. Nach dem Festgottesdienst in der katholischen Kirche St. Peter und Paul zieht der farbenprächtige Zug singend und betend durch das Dorf, dessen Häuser beflaggt und festlich geschmückt werden. Dabei wird die Madonna traditionsgemäß von den ledigen Trachtlerinnen getragen. Der Zug der Gläubigen macht Station an mehreren im Freien aufgebauten Altären und kehrt danach zurück in die Kirche.

Bei kaum einem anderen Anlass sieht man so viele prächtige Fahnen der zahlreichen Vereine des Ortes. Am Vorabend findet bei schönem Wetter ein Umzug mit der Blaskapelle und dem Trommlerzug des Musikvereins durch Oberammergau statt.

Die erste Fronleichnamsprozession in Bayern fand 1273 in Benediktbeuern statt. Heute wird in Oberammergau ebenso wie in anderen katholischen Gemeinden das Fronleichnamsfest mit der Heiligen Messe und mit festlichen Prozessionen gefeiert.

König-Ludwig-Feuer

Schon zu Lebzeiten König Ludwigs II. wurde an seinem Geburtstag auf dem Kofel, dem Hausberg Oberammergaus, ein Feuer zu seinen Ehren entfacht. Bereits zwei Jahre nach seinem Tod griffen die Oberammergauer diese Tradition wieder auf und entzünden seither jedes Jahr am 24. August, dem Vorabend seines Geburtstags, das König-Ludwig-Feuer.

Schon Wochen vorher schleppen die sogenannten Feuermacher das Brennmaterial auf kleinen Pfaden, die nur sie kennen, den Kofel hinauf und errichten auf dem Gipfel eine über acht Meter hohe Königskrone und auf dem darunterliegenden Kofelfleck ein riesiges Holzkreuz. Aber nicht nur die Feuermacher steigen hinauf auf den Berg, auch die Blasmusiker aus Oberammergau erklimmen den Kofel, um nach Einbruch der Dunkelheit mit einem Choral das Ludwigsfeuer zu eröffnen und im Anschluss daran musikalisch zu begleiten. Währenddessen werden sowohl die Feuer auf dem Kofel als auch an insgesamt sechs Stellen auf den Bergen rund um Oberammergau entzündet, entweder in Form eines geschwungenen L, der römischen Ziffer II, eines Kreuzes oder als riesige Holzhaufen. Wenn die Feuer auf den Bergen langsam erlöschen, ziehen die Feuermacher und die Musiker mit Fackeln ins Dorf hinab, wo in den Wirtshäusern bis in die frühen Morgenstunden gefeiert wird.

Fest der Kreuzerhöhung und Bergmessen

Bergmessen und Gottesdienste im Freien haben auch in Oberammergau und in den benachbarten Gemeinden eine lange Tradition. Am frühen Abend des 14. September wird in Oberammergau an der Kreuzigungsgruppe auf dem Osterbichl (vgl. S.33) das Fest der Kreuzerhöhung mit einer feierlichen Messe zelebriert. Musikalisch wird der Gottesdienst vom Kirchenchor und dem Oberammergauer Musikverein begleitet. Zum Abschluss der Messe bilden die Gebirgsschützen eine Ehrenwache.

Diese Tradition geht auf den ehemaligen Oberammergauer Pfarrer Franz Dietl – den heutigen Weihbischof von München und Freising – zurück, der vor über 20 Jahren begann, die besondere Spiritualität des Ortes in das kirchliche Geschehen mit einzubeziehen und das Kreuz als Zeichen des Heils über Oberammergau zu feiern.

Ein langer Fackelzug begleitet die Musiker und Feuermacher durch das Dorf.

Jedes Jahr am 24. August brennt zu Ehren des Märchenkönigs auf dem Kofel das König-Ludwig-Feuer.

Im Sommer werden rund um Oberammergau noch weitere Bergmessen gefeiert, deren Termine von Jahr zu Jahr variieren und im jeweiligen Veranstaltungskalender nachzulesen sind.

Leonhardiritt in Unterammergau

Zu Ehren des Heiligen Leonhard von Limoges findet am letzten Oktoberwochenende in Unterammergau eine festliche Prozession zu Pferde statt. In einem langen, wunderschön geschmückten Zug geht es von der Dorfmitte Unterammergaus zur Wallfahrtskirche Kappel, wo die Heilige Messe und die Segnung der Pferde stattfinden.

Christkindlmarkt und Adventssingen

Der erste Adventssonntag gehört in Oberammergau traditionsgemäß dem Christkindlmarkt, der nach dem vormittäglichen Gottesdienst auf dem Kirchplatz stimmungsvoll vom Oberammergauer Bläserquartett eröffnet wird. Neben kulinarischen Schmankerln werden handgemachter Weihnachtsschmuck, selbstgezogene Kerzen, Krippenfiguren, Adventsgestecke und vieles mehr

Während der Christkindlmarkt am 1. Advent auf dem Kirchplatz stattfindet, wird der Weihnachtsmarkt am 3. und 4. Advent rund um das Pilatushaus aufgebaut.

Ausgangspunkt für den Sterngang am Silvesterabend ist das Ammergauer Haus. Eine der Stationen, an denen die traditionellen Lieder gesungen werden, ist das Pilatushaus.

angeboten. Der Erlös kommt jedes Jahr einem gemeinnützigen Zweck zugute. Mit dem Adventssingen in der Pfarrkirche St. Peter und Paul klingt der Christkindlmarkt schließlich festlich aus.

Weihnachtlicher Handwerkermarkt

Krippenbauer, Glasbläser, Porzellanmaler, Schnitzer, Fassmaler, Korbflechter, Seifensieder – über 50 Kunsthandwerker aus Oberammergau und Umgebung kommen jedes Jahr am dritten Advent ins Ammergauer Haus, um den Weihnachtlichen Handwerkermarkt zu gestalten. Wer bis dahin kein Weihnachtsgeschenk gefunden hat, wird hier sicherlich fündig.

Oberammergauer Weihnachtsmarkt

Am dritten und vierten Advent zieht erneut der verführerische Duft von Glühwein, Nelken und Zimt durch das winterliche Oberammergau: Die Stände des Weihnachtsmarktes sind voll von Leckereien, kunsthandwerklichen Arbeiten, Christbaumschmuck und vielen ausgefallenen Waren, die zum Entdecken einladen.

Klöpfelsingen

Das Klöpfelsingen der Kinder am Donnerstag vor Heiligabend ist die vorweihnachtliche Entsprechung des Sternsingens im Januar und hat sich als alter christlicher Brauch in Oberammergau erhalten. Die Kinder ziehen von Haus zu Haus und künden mit Klöpfelliedern das bevorstehende Weihnachtsfest an. Ihre Lieder thematisieren den Advent als Vorbereitungszeit vor dem großen Fest und die Besinnung auf wesentliche Dinge des Lebens wie auch zur tätigen Nächstenliebe.

Sterngang

Am Silvesterabend ist Oberammergau Schauplatz einer besonders stimmungsvollen Tradition, dem Sterngang.

Die sogenannte Türkische Musik, die Oberammergauer Blasmusikkapelle Ende des 19. Jahrhunderts. Unter ›Türkischer Musik‹ verstand man damals eine Blasmusikbesetzung mit Holz- und Blechbläsern, die von Trommlern und Tschinellen begleitet wurden. Letztere waren bis zur Jahrhundertwende bei Blechmusikkapellen nicht immer üblich.

Gegen 19 Uhr versammeln sich Einheimische und Gäste und ziehen mit einem großen, beleuchteten Stern und vielen bunten Lampions durch das Dorf. Begleitet von Sängern und Musikern werden an verschiedenen Plätzen des Ortes traditionelle Sternlieder gesungen, darunter auch das Lied »Der Weihnachtsstern«, dessen Text von Pfarrer Joseph Alois Daisenberger stammt und das von Rochus Dedler vertont wurde. Zum Abschluss einer jeden Station erklingt der vielstimmige Neujahrswunsch: »A guat's nei's Johr!«

Die Oberammergauer Tracht

Als König Maximilian II. Mitte des 19. Jahrhunderts durch die Bayerischen Alpen wanderte, um das einfache Leben zu propagieren und das bayrische Volkstum zu fördern, rückten plötzlich die bayrische Tracht und die Volksmusik in den Fokus der Obrigkeit: Die Tracht wurde nicht nur salonfähig, sondern war bei offiziellen Anlässen geradezu erwünscht. Es gab sogar auf besonderen Wunsch des Königs eine Verordnung der oberbayrischen Kreisregierung zur Erhaltung der Volkstrachten. Die Oberammergauer hätten eine solche Verordnung nicht benötigt, denn hier wurde das Tragen der Tracht immer gepflegt – auch wenn sie für das tägliche Leben die bürgerlichen Kleidersitten übernommen hatten.

Manche Passionsbesucher bedauerten, wenn sie die ›Türkische Musik‹ (Blasmusikkapelle) nicht in Tracht antrafen, die besonderen Anlässen vorbehalten war. »Die Städter würden doch wahrlich nicht 25 Postkutschenstunden fahren, um dann neue weiße Beinkleider und schwarze Fräcke zu sehen!«, schrieb der Rezensent Guido von Görres Mitte des 19. Jahrhunderts. Am 20. Juli 1893 wurde zur Erhaltung der Volkstracht, des volkstümlichen Liedes, der Volksmusik und des Schuhplattlertanzes in Oberammergau der Volkstrachtenverein D'Ammertaler gegründet, der zu einem der ältesten in den Ammergauer Alpen zählt und bis heute mit zahlreichen Veranstaltungen das kulturelle Leben in Oberammergau bereichert. Ein besonderer Verdienst des Trachtenvereins ist die Wiederbelebung der alten Tracht der Oberammergauer in den 1970er-Jahren.

Das Urlaubsparadies

»Absteigequartier aller Turisten, mässige Preise, Fremdenzimmer mit guten Betten, elektrisches Licht und täglich frischer Kaffee Geehrtem Besuche sieht höflichst entgegen ...«

Aus dem Anzeigentext eines Oberammergauer Hotels
Anfang des letzten Jahrhunderts

Von der Scheibum, dem spektakulären Felsdurchbruch der Ammer, führt ein herrlicher Wanderweg zu den Schleierfällen bei Saulgrub.

Rechts oben: Sommer- und Winterprospekt aus den Jahren 1931/32

Rechte Seite: Es ist ein geheimnisvoller und sagenumwobener Ort: Die Schleierfälle, deren Wasser aus einer Quelle gespeist werden und in feinen Rinnsalen über die moosbewachsenen Steine gleiten, sind nicht nur im Sommer sehenswert, sondern auch im Winter, wenn das Wasser zu bizarren Eiszapfen erstarrt.

Natur pur

Die Ammergauer Alpen sind seit 1926 Naturschutzgebiet. Mit rund 28 000 Hektar ist es das größte zusammenhängende Naturschutzgebiet Bayerns und das zweitgrößte Deutschlands – nur das Nordfriesische Wattenmeer hat mehr Fläche aufzuweisen.

Die Ammer, deren Quelltöpfe sich zwischen Graswang und Ettal befinden, fließt nördlich von Weilheim in den Ammersee und mündet als Amper bei Moosburg in die Isar. Der Alpenfluss ist ca. 185 Kilometer lang und besitzt mit 600 Metern die längste canyonartige Durchbruchstrecke aller deutschen Flüsse, die Scheibum. An dieser Stelle ist die Ammer bis zu 80 Meter tief. Die Hochwasserschutzmaßnahmen entlang der Ammer führten dazu, dass ihr natürlicher Verlauf zum Teil eingeschränkt wurde, dennoch finden in den Naturschutzgebieten des Ammertales viele seltene Tier- und Pflanzenarten ideale Lebensbedingungen vor.

Natur und Kultur – vom Gipfelglück bis zum Märchenschloss

Ob man das Gipfelglück auf den vielen Bergen rings um Oberammergau sucht oder staunend vor den glasklaren Ammerquelltöpfen im Weidmoos steht, ob man sich mit der Pferdekutsche gemütlich zum Schloss Linderhof kutschieren lässt oder mit den Kindern an einer der spannenden Naturführungen teilnimmt, die so verheißungsvolle Namen tragen wie ›Die Nacht der Fledermäuse in Oberammergau‹: Oberammergau ist ein idealer Ausgangsort für grandiose Natur- und Kulturausflüge, wobei sich die Bedürfnisse der Erwachsenen mit denen der Kinder wunderbar kombinieren lassen – und selbst der Hund muss nicht zu Hause bleiben, denn in Oberammergau gibt es seit vielen Jahren ein Hundehotel.

Der Meditationsweg Ammergauer Alpen führt von der Wieskirche über die Kappel bis Schloss Linderhof. Entlang 15 Stationen lädt er zum meditativen Wandern und Verweilen ein, wie hier am Christuskreuz auf dem Altherrenweg bei Unterammergau. Das Symbol des brennenden Herzens dient als Wegzeichen und führt den Wanderer zu besonderen Kraftorten, deren Geschichte auf liebevoll gestalteten Stelen erzählt wird.

Rechte Seite: Dass der Laber mit einem sensationellen Weitblick lockt und sowohl bei Wanderern als auch bei Skifahrern beliebt ist, ist weithin bekannt. Aber die Vollmondfahrten auf den Laber, die sind noch ein echter Geheimtipp.

Die letzten 100 Höhenmeter auf den markanten Kofel-Gipfel führen über einen gesicherten, auch für Familien geeigneten Klettersteig.

Rechte Seite, oben: Rund um Oberammergau gibt es unzählige Wandermöglichkeiten für jeden Geschmack: Von flachen Talwanderwegen über anspruchsvolle Gipfeltouren bis hin zu mehrtägigen Trekkingtouren, z. B. entlang des Europäischen Fernwanderweges, der durch die Ammergauer Alpen führt.

Rechte Seite, unten: Das Naturschutzgebiet Pulvermoos zwischen Ober- und Unterammergau ist Lebensraum für selten gewordene Pflanzen wie die Trollblume, das Karlszepter oder das Gefleckte Knabenkraut (v. l. n. r.).

Der Kofel – sagenumwobener Hausberg Oberammergaus

Der Schnellste aus dem Dorf geht ihn in 19 Minuten, ein Genusswanderer braucht etwa eineinhalb Stunden, um den Kofel zu bezwingen. Es ist natürlich nicht die Geschwindigkeit, die auf den Oberammergauer Hausberg lockt und auch nicht unbedingt seine Höhe, denn mit 1 341 Metern gehört er nicht zu den ganz großen Bergen der Gegend. Es ist vielmehr seine besondere Atmosphäre, die man schon an seinem Fuße auf dem sogenannten Rätselweg und an den Ausgrabungsorten des angrenzenden Döttenbichls spürt (vgl. S. 18). Hoch oben auf dem Kofel, zwischen dem dichten Wald und den schroffen Felsen, soll der Sage nach die Kofelhexe wohnen, so erzählt man es den Kindern seit

Generationen im Dorf. Warum sie dort haust und was es mit dem Ungeheuer in der Malensteinhöhle am Fuße des Berges auf sich hat, erfährt man bei der hoch spannenden Naturerlebnisführung ›Sagen und Legenden im Ammertal‹, die nicht nur bei Kindern für Gänsehaut und Begeisterung sorgt.

Jedes Jahr am 24. August leuchtet der Kofel in der Nacht, dann feiern die Oberammergauer ihren Freund und Förderer König Ludwig II. am Vorabend seines Geburtstages: Zu seinen Ehren entzünden sie das König-Ludwig-Feuer (vgl. S. 94). Vom Gipfel des Berges gelangt man über den Königssteig zum Kolbensattel, den man auch bequem von Oberammergau aus mit der Sesselbahn erreichen kann. Der zweite, mit 1 684 Metern etwas höhere Hausberg Oberammergaus ist der Laber, der genau gegenüber dem Kofel liegt.

Der Laber – Oberbayern liegt ihm zu Füßen

Der Ausblick vom Laber (1 684 Meter), der übrigens über Deutschlands ›schwärzeste Skiabfahrt‹ verfügt und besonders von den Freeridern geschätzt wird, ist einfach

An heißen Tagen ist die wildromantische Schleifmühlklamm bei Unterammergau ein ideales Ausflugsziel, das nicht nur grandiose Natur erleben lässt, sondern auch spannende Informationen über den früheren Wetzsteinabbau in der Region bereithält.

atemberaubend: Im Norden blickt man weit in das Voralpenland hinein, und bei guter Fernsicht ist sogar die Münchner Frauenkirche zu erkennen.

Von Osten über Süden bis Westen reihen sich in einem unvergleichlichen Bergpanorama das Estergebirge mit Wank, Fricken und Krottenkopf, das Wettersteingebirge mit Deutschlands höchstem Berg, der Zugspitze (2 962 Meter), und die Ammergauer Alpen aneinander. Der Gipfel des Labers ist bei Drachenfliegern und Paragleitern ein beliebter Startplatz, der direkt unterhalb des Plateaus des Berggasthofes liegt.

Eine Gondelfahrt mit der Laberbergbahn sollte man sich nicht entgehen lassen, denn hier ist bei aller Technik noch die gute alte Zeit spürbar. Nach einem Blick in die unmittelbar unterhalb der Talstation stehende St.-Gregor-Kapelle, die 1765 erbaut wurde, entschwebt man mit der nostalgisch anmutenden Gondel auf den Gipfel. Wer lieber zu Fuß geht, der wird den Labergipfel in etwa zweieinhalb Stunden erreichen und kann z.B. über den Soilasee und das Ettaler Mandl (1 633 Meter) hinab nach Ettal steigen – oder er wählt einen der anderen Wanderwege, die wieder zurück nach Oberammergau führen. Zu einem erfrischenden Abschluss des Ausflugs lädt das Erlebnisbad WellenBerg mit seiner abwechslungsreichen Badelandschaft ein.

Das Pulvermoos entstand nach dem Abschmelzen des Ammergletschers vor über 10 000 Jahren und zählt zu Europas bedeutendsten Moor-Tallandschaften.

Das Pulvermoos:
Paradies für seltene Tier- und Pflanzenarten

Zwischen Ober- und Unterammergau liegt das Natur-schutzgebiet Pulvermoos und das Oberammergauer Wiesmahd, die sich im Tal unterhalb des Höhenzuges vom Großen Aufacker bis zum Hörnle ausdehnen.

In dieser einmaligen Kulturlandschaft gibt es seltene Pflan-zen- und Tierarten, die Indikatoren für eine intakte Natur sind: Schmetterlinge mit klingenden Namen wie Riedteufel, Land-kärtchen, Großer Eisvogel oder Schillerfalter trifft man hier ebenso an wie in den Lüften den Schwarzen und Roten Milan, der sich hier erst seit wenigen Jahren angesiedelt hat. Und ist man mit dem ambitionierten Fledermauswächter des Ortes unterwegs, dann sieht man sogar eine Wochenstube der Bart-fledermäuse – Weibchen mit ihren Jungen –, die sich tagsüber hinter dem Windfang bestimmter Heuschober verstecken.

Ob zu Fuß, mit dem Fahrrad oder im Winter auf den Lang-laufskiern: Auf dem ausgedehnten Wegenetz durch diese reizvolle Landschaft kann man zu zahlreichen Ausflugszielen gelangen, wie zur Kappel und der Schleifmühlklamm bei Un-terammergau, zum Felsdurchbruch der Ammer – der Schei-bum – und zu den Schleierfällen in der Ammerschlucht, zum Soiener See bei Bad Bayersoien oder zur weltberühmten Wieskirche in Steingaden.

Links: An der Straße von
Ettal nach Oberammergau
liegt kurz vor dem Orts-
eingang rechter Hand
die Bärenhöhle, in deren
Eingangsbereich sich eine
segnende Jesusstatue
befindet.

Vorhergehende Doppelseite:
Im Sommer baden, angeln,
Boot fahren oder im Winter
Schlittschuh laufen - der
idyllisch gelegene Soiener
See bei Bad Bayersoien ist
ein beliebtes Ausflugsziel
und von Oberammergau nur
wenige Kilometer entfernt.

Das Rokoko-Juwel im sogenannten Pfaffenwinkel bei Steingaden: die
Wieskirche, Wallfahrtskirche zum Gegeißelten Heiland auf der Wies

Weltkulturerbe Wieskirche

Etwa 25 Kilometer nordwestlich von Oberammergau
entfernt liegt Deutschlands bekanntestes Weltkulturerbe,
die Wieskirche. Diese Wallfahrtskirche, die zwischen 1745
und 1754 von den Brüdern Dominikus und Johann Baptist
Zimmermann erbaut wurde, ist eine der schönsten Rokoko-
kirchen Süddeutschlands und symbolisiert mit ihrem
prächtig ausgestatteten Kirchenraum wie keine andere
Kirche das Lebensgefühl der damaligen Zeit. Ein besonderes
Hörerlebnis ist das vierstimmige Barockgeläut, das jeden
Samstag um 15 Uhr die Sonntage einläutet und auch sonn-
tags vor der Messe erklingt. Das Vollgeläut mit allen sieben
Glocken ist den Hochfesten vorbehalten.

Im Graswangtal liegt das Naturschutzgebiet Ettaler Weidmoos, in dem die Kleinen Ammerquellen (s. Abb. rechts unten) entspringen.

Südlich von Oberammergau, bevor man nach Ettal gelangt, geht es in eines der schönsten Hochtäler der Alpen, in das Graswangtal.

Das Graswangtal

Schon König Ludwig II. war fasziniert von der Schönheit dieses Tales und ließ hier Schloss Linderhof erbauen, dessen Fertigstellung er noch miterlebte und das er als einziges seiner Schlösser auch wirklich bewohnte.

Mäandernde, fast ebene Wander- und Radwege führen im Graswangtal durch das für seine Blumenpracht bekannte Weidmoos, eines der international bedeutendsten Moore Bayerns. In dieser unberührten Natur blühen nicht nur über 20 wilde

Durch das winterliche Graswangtal kann man sich von Oberammergau aus mit dem Pferdeschlitten bis Schloss Linderhof kutschieren lassen.

König Ludwig II. machte sich zu seinem 32. Geburtstag 1877 ein besonderes Geschenk, die Venusgrotte im Park von Schloss Linderhof. Dort ließ er sich bei seinen meist nächtlichen Besuchen von einem Lakaien in einem kostbaren Muschelkahn über den See rudern, der von einer Wellenmaschine in Bewegung gesetzt wurde.

Orchideenarten und andere geschützte Pflanzen, das Moos ist auch ein Refugium für tropisch anmutende Schmetterlinge und geschützte Vögel und andere Tierarten. An der Kleinen Ammer bezieht der Eisvogel sein Winterquartier, der Biber baut im Weidmoos seine Dämme und auf den Bergen oberhalb des Graswangtals ist seit einigen Jahren der Steinadler heimisch geworden. Ihn kann man während der Balzzeit im Winter besonders gut beobachten, wenn er mit rasanten Flugmanövern um seine Partnerin wirbt.

Teils versteckt, teils gut einsehbar sind im Weidmoos viele der Kleinen Ammerquellen zu sehen. Das glasklare Quellwasser, aus dem kleine Blasen emporsteigen, sammelt sich zunächst in Quelltöpfen, um sich dann zu einem Bach, der Kleinen Ammer, zusammenzufinden, die schließlich im breiteren Bachbett zur Großen Ammer wird.

Schloss Linderhof - Das Lieblingsschloss König Ludwigs II.

Seine Schlösser, die König Ludwig II. nur für sich baute und die kein Fremder je betreten sollte – seit seinem Tod sind es allerdings über 50 Millionen Besucher –, waren für ihn

»poetische Zufluchtsorte, wo man auf einige Zeit die schauderhafte Zeit, in der wir leben, vergessen kann«.

König Maximilian II., der Vater von König Ludwig II., hatte bereits 1854/55 auf dem Pürschling – dort steht heute die DAV-Hütte August-Schuster-Haus – und im hinteren Graswangtal Jagdhäuser bauen lassen. König Ludwig liebte diese Gegend, weniger der Jagd wegen, sondern weil er die idyllische Einsamkeit genoss: »Friede herrscht in den tiefen Thälern, das Geläute der Herdenglocken, der Gesang eines Hirten drang hinauf zu meiner wonnigen Einsamkeit«, schrieb er in einem Brief an Richard Wagner am 21. Juni 1865. Wenige Jahre später ließ er zunächst das Jagdhaus im Graswangtal ausbauen, später umsetzen und schließlich an dessen Stelle von 1874 bis 1879 eine ›Königliche Villa‹ im Rokokostil errichten – Schloss Linderhof. Es ist zwar das kleinste seiner drei Königsschlösser (neben Neuschwanstein und Herrenchiemsee), gilt aber als sein Lieblingsschloss, da er sich hier am häufigsten aufhielt. Die prächtigen Innenräume Linderhofs erfüllen alle Erwartungen eines Märchenschlosses. Schloss- und Parkführungen, die auch speziell für Kinder angeboten werden, lassen mit

In der Architektur von Schloss Linderhof und seinen Parkanlagen spiegelt sich die Bewunderung Ludwig II. für die mystische Welt des Orients, die ritterlich-romantische Epoche des Mittelalters und die Pracht von Versailles wider.

vielen spannenden Detailinformationen König Ludwig und seine Zeit wieder lebendig werden.

Schloss Linderhof liegt inmitten einer der schönsten Gartenanlagen des 19. Jahrhunderts, die von dem Münchner Hofgartendirektor Carl Joseph von Effner gestaltet wurde. Sie begeistert sowohl durch ihre großartige Gartenkunst des Barocks und der italienischen Renaissance als auch durch die raffinierte Technik der Brunnen und Wasserkaskaden. Neben dem Maurischen Kiosk und dem Marokkanischen Haus laden die Venusgrotte, die Hundinghütte, der Musikpavillon und die Einsiedelei des Gurnemanz den Besucher ein, sich wie seinerzeit König Ludwig in die Welt des Orients oder an die Schauplätze der Opern von Richard Wagner versetzen zu lassen. Über sich selbst schrieb König Ludwig an seine Erzieherin Sybille Meilhaus, mit der er sein Leben lang brieflich verbunden blieb: »Ein ewig Rätsel will ich bleiben, mir und

den anderen.« Dieses Rätselhafte fasziniert die Menschen bis heute und ist einer der Gründe für das immense Interesse und die Verehrung, die dem ›Kini‹ entgegengebracht wird.

Während man heutzutage von München aus in etwa einer Stunde mit dem Auto nach Oberammergau fährt – mit dem Zug sind es genau 1 Stunde und 51 Minuten –, glich die Anreise bis Ende des 19. Jahrhunderts einer beschwerlichen Pilgerfahrt, die zwei Tage in Anspruch nahm. Mit dem Fuhrwerk – dem Stellwagen – reiste man von München nach Murnau, übernachtete dort und fuhr am nächsten Morgen weiter bis nach Oberau. Von dort aus musste der Ettaler Berg bis zum Ausbau der neuen Straße im Jahr 1890 zu Fuß bezwungen werden. Damals wie heute wird man nach dem steilen Anstieg mit dem erhebenden Anblick des Klosters Ettal samt seiner mächtigen barocken Kuppel belohnt, das seit seiner Gründung spirituelles und kulturelles Zentrum des Ammertals ist.

Das Kuppelfresko der Ettaler Basilika schuf 1752 Johann Jakob Zeiller. Es zeigt über 400 Heilige des Benediktinerordens und seiner Zweige aus verschiedenen kirchengeschichtlichen Epochen.

Kloster Ettal

Kloster Ettal wurde einem Gelöbnis zufolge 1330 von Kaiser Ludwig dem Bayern gegründet. In diese Stiftung brachte der Kaiser eine kleine Madonnenfigur aus weißem Marmor ein, die als Ettaler Gnadenbild noch heute in der Klosterkirche steht und seither unzählige Wallfahrer angezogen hat.

1710 griff Ettal die ursprüngliche Idee einer angegliederten Ritterakademie auf und legte damit den Grundstein zur schulischen Tradition in Ettal. Fast die gesamte Klosteranlage wurde 1744 in einem verheerenden Brand zerstört. Der Wiederaufbau erfolgte im Stil des Rokoko nach Plänen von Enrico Zuccali und Joseph Schmuzer.

Das Innere der barocken Kuppel ziert das eindrucksvolle Deckengemälde von Johann Jakob Zeiller, der auch die berühmte Ettaler Rokoko-Sakristei ausmalte. 1803 setzte die Säkularisation dem fast 500-jährigen Klosterleben ein jähes Ende. Es dauerte fast 100 Jahre, bis am 6. August 1900 wieder Benediktinermönche im Kloster Ettal einziehen durften und ihm seine ursprüngliche Bestimmung zurückgaben. Seitdem entwickelten sich in der Tradition der 1710 gegründeten Ritterakademie das Gymnasium und das Internat zu einer der Aufgaben der Benediktiner in Kloster Ettal.

Neben der Besichtigung der Klosteranlage schenkt ein Besuch im Brauereimuseum, in der Destillerie sowie in der Schaukäserei einen interessanten und spannenden Einblick in die verschiedenen Klosterbetriebe.

Kandinsky & Co.: Der Blaue Reiter in Murnau

Ebenso wie Oberammergau unterstand Murnau bis 1803 der Gerichtsbarkeit von Kloster Ettal. Der Amts- und

Vom Laberjochhaus kommend und in Richtung Ettaler Mandl wandernd kommt man am Soilasee vorbei, der leider schon lange nicht mehr so viel Wasser führt wie auf diesem Bild und die meiste Zeit des Jahres verlandet ist.

Wohnsitz des Ettaler Pflegers war 400 Jahre lang die Murnauer Burg – heute befindet sich hier das Murnauer Schlossmuseum. Schwerpunkt des Museums ist die umfangreichste öffentlich gezeigte Sammlung von Werken Gabriele Münters sowie Arbeiten der Künstlervereinigung Der Blaue Reiter, deren Mitglieder wichtige Wegbereiter der modernen Kunst des 20. Jahrhunderts waren, darunter Wassily Kandinsky, Franz Marc, Alexej Jawlensky, Marianne von Werefkin und Heinrich Campendonk.

Lange vor der Gründung des Blauen Reiters hatte das Künstlerpaar Kandinsky und Münter Murnau und Umgebung entdeckt. Die landschaftliche Schönheit um Murnau und die bayrische Volkskunst (vgl. S. 83) inspirierten nicht nur sie zu wegweisenden Werken, sondern auch Franz Marc, der in dieser Gegend einige seiner bekanntesten Bilder schuf, darunter *Blaues Pferd* und *Kleine gelbe Pferde*.

In dem Haus, das auch das Münterhaus genannt wird, lebten Gabriele Münter und Wassily Kandinsky in den Sommermonaten von 1909-1914. Die von Wassily Kandinsky bemalten Möbel und die Treppe zeigen die bedeutsamen Einflüsse der bayrischen Volkskunst auf die künstlerische Entwicklung ihrer Bewohner.

BERÜHMTE GÄSTE
Historische Blitzlichter

»Eines Abends erhielt ich eine Einladung zu Christus Mayr [Christusdarsteller Joseph Mayr]. Ich weiß heute nicht mehr, welche Lords und Ladys, Mistresses und Misses die Gastgeber um sich sammelten; von den Einheimischen waren die Hauptdarsteller und die Honoratioren mit ihren Damen anwesend… Die Oberammergauer sprachen und bewegten sich vor und bei Tisch aber so ungezwungen und doch so etikettengemäß, daß man eigentlich das Gefühl hatte, daß dieses Auftreten ihnen keine ungewohnte, sondern stets geübte Sache war. Die meisten wußten sich mit den Ausländern tadellos in deren Muttersprache zu unterhalten.«

Aus *Oberammergau. Bilder und Gestalten. Erinnerungen,* ca. 1922 von Ferdinand Feldigl, der 1901/02 Lehrer in Oberammergau war

»Komm zu uns nach Oberammergau« Joachim Ringelnatz

Die Einträge im Goldenen Buch der Gemeinde Oberammergau und in den zum Teil 150 Jahre alten Gästebüchern der Pensionen und Gasthäuser lesen sich wie das Who's who der Weltgeschichte. Spätestens seit dem 19. Jahrhundert wurde Oberammergau Anziehungspunkt für Künstler, Kirchenfürsten, Politiker, Hochadel und Industriemagnaten, von denen viele auch außerhalb der Passionsspielzeit zu Besuch kamen. Neben ihren Namenszügen schrieben sie nicht selten persönliche Widmungen in die Gästebücher, die ihr herzliches Verhältnis zu Oberammergau und ihren Gastgebern widerspiegelten. Es entstanden lebenslange Freundschaften, und manch ein Gast wurde durch großzügige Stiftungen zum Wohltäter des Dorfes.

Joachim Ringelnatz (ganz links) posiert im Passionsspieljahr 1922 mit dem Christusdarsteller
Anton Lang und zwei seiner *Simplicissimus*-Freunde: Adolph Köster und Peter Scher.

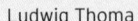
Ludwig Thoma

Ludwig Ganghofer
(Zeichnung: Olaf Gulbransson)

Thomas Mann

Gustav V., König von Schweden

Ludwig Thoma

Ludwig Thoma, gebürtiger Oberammergauer und über seine Mutter mit der Familie Lang verwandt, wollte eigentlich wie sein Vater Förster werden, schlug dann aber die Juristenlaufbahn ein, die ihm auf Dauer allerdings auch nicht behagte. 1897 gab er seine Kanzlei in Dachau auf und ließ sich in München als Schriftsteller nieder. Dort knüpfte er Kontakt zu den Künstlern der satirischen Zeitschrift *Simplicissimus* und wurde zu einem ihrer wichtigsten Redakteure. Bis zu seinem Lebensende erschienen 40 Bücher, von denen seine *Lausbubengeschichten*, die *Filserbriefe* und die *Heilige Nacht* zu seinen berühmtesten zählen. Thoma besuchte 1900 die Passionsspiele zusammen mit seinen *Simpl*-Freunden Rudolf Wilke, Ferdinand von Rezniček, Bruno Paul und Eduard Thöny und wohnte mit ihnen bei seinem Vetter Guido Lang im Verlegerhaus. Das Spiel gefiel ihm ausgezeichnet, und so schaute er sich 1910 die Aufführungen gleich zweimal an – auch wenn er sich an die Menschenmassen nicht recht gewöhnen wollte.

Ludwig Ganghofer

Mit dem Volksstück *Der Herrgottschnitzer von Ammergau* hat Ludwig Ganghofer Oberammergau und seiner Holz-schnitztradition ein Denkmal gesetzt. Seine Romane, Bühnenstücke und Schriften machten ihn Anfang des 20. Jahrhunderts zu einem der erfolgreichsten Autoren seiner Zeit. Der begeisterte Jäger war oft zu Gast im Werdenfelser Land und gehörte ebenso wie sein Freund Ludwig Thoma zu den prominenten Passionsgästen im Jahr 1900.

Thomas Mann

»Wir lebten sommers viel auf dem Lande, in Oberammergau, wo ich große Teile von ›Königliche Hoheit‹ schrieb ...«, schilderte Thomas Mann in seinem *Lebensabriß* (1930) den dreimonatigen Sommeraufenthalt im Jahr 1906 mit seiner Familie in Oberammergau. Es folgten viele weitere Besuche, die dem Schriftsteller immer besonders viel Kraft und Mut für seine Arbeit spendeten. So schrieb er Weihnachten 1929, kurz nachdem er den Literaturnobelpreis für die *Buddenbrooks* erhalten hatte, in das Gästebuch seiner Pension: »Dankbar für vier friedvolle Tage in persönlich bewegter Zeit.«

Gustav V., König von Schweden

Der damals regierende König Gustav V. von Schweden besuchte 1910 die Passionsspiele und war von diesen so angetan, dass er nach der Aufführung den Christusdarsteller

Joachim Ringelnatz

Anton Bruckner

Marie Bartl

Papst Pius XII.

(Anton Lang) und den Prologsprecher (Anton Lechner) zu sich bat, um sich mit ihnen ausführlich zu unterhalten. Seinem Gastgeber Joseph Ruederer schenkte er obiges Bild mit seiner Unterschrift.

Joachim Ringelnatz

Joachim Ringelnatz widmete Oberammergau in seinem Gedicht *Schnee* aus dem Jahr 1933 die Verse: »Komm zu uns nach Oberammergau. Bei uns ist Christus und Liebe, und unser Schnee leuchtet himmelblau.« Ringelnatz – eigentlich Hans Gustav Bötticher – war vor seiner Karriere als Kabarettist, Schriftsteller und Maler als Seemann auf allen Weltmeeren zu Hause gewesen. In der Zeit zwischen zwei Heuern schlug er sich mit abenteuerlichen Nebenjobs durchs Leben, z. B. als Riesenschlangenträger auf dem Jahrmarkt, als verkleidete Wahrsagerin im Bordell oder als Mädchen für alles in einem Seemannsheim.

Anton Bruckner

Der Komponist Anton Bruckner verliebte sich als 56-Jähriger bei seinem Besuch der Passionsspiele 1880 heftig in die junge Oberammergauerin Marie Bartl, die er bei den Darstellerinnen der ›Weinenden Frauen‹ während des Spiels entdeckte. Er machte ihr den Hof und schenkte ihr das oben abgebildete Foto mit einer Widmung kurz nach seiner Abreise. Bruckner schrieb Marie zahlreiche Briefe, die sie jedoch zum Teil – warum auch immer – nicht erreichten. So blieb seine Liebe unerfüllt, und er kehrte nie wieder nach Oberammergau zurück.

Marie Bartl

Die hübsche Oberammergauerin Marie Bartl stand zu der Zeit, als Anton Bruckner sie umwarb, im Dienst von Korbinian Rutz. Sie heiratete später einen Oberammergauer Bildhauer und äußerte sich nie über den Inhalt der Briefe, die sie von ihrem Verehrer bekommen hatte.

Papst Pius XII.

Papst Pius XII., bei dieser Aufnahme während der Passionsspiele 1922 noch Kardinal Pacelli, war von 1939 bis 1958 Papst der römisch-katholischen Kirche.

Rabindranath Tagore

Der indische Dichterfürst Rabindranath Tagore, der 1913 als erster Asiate den Literaturnobelpreis erhielt, verfasste die meisten seiner Werke in bengalischer Sprache und

Rabindranath Tagore   Henry Ford   William Randolph Hearst   Richard Strauss

übertrug sie später selbst ins Englische. Dies tat er in einem derart vollendeten Stil, dass seine Werke zu einem Höhepunkt der europäischen Literatur avancierten. Auf seiner letzten Deutschlandreise 1930 traf er nicht nur Albert Einstein zu einem Gedankenaustausch, sondern war auch Gast bei den Oberammergauer Passionsspielen.

Henry Ford

Dem amerikanischen Automobilkönig und Gründer der Ford Motor Company Henry Ford gefiel es bei seinem Besuch der Passionsspiele 1930 in Oberammergau so gut, dass er seinen Aufenthalt um zwei Tage verlängerte. Auch die bayerische Küche schien es ihm angetan zu haben: Kurz vor seiner Abreise ging er unter Protest seiner Gattin in die Küche der Pensionswirtin und ließ sich die Rezepte einiger Speisen geben, die ihm besonders gut geschmeckt hatten.

William Randolph Hearst

Der US-amerikanische Verleger und Medien-Tycoon William Randolph Hearst hatte zwar 1929 viel Geld verloren, zählte aber immer noch zu den reichsten Männern der Welt, als er 1934 zu den Passionsspielen nach Oberammergau kam. Nachdem er sich zum Essen im Hotel Wittelsbach angesagt hatte, bereitete man dort ein aufwendiges Menü vor. Als er endlich eintraf, hatte er zunächst nur einen Wunsch – Frankfurter Würstchen. Auf S. 118 ist Hearst mit zwei Passionsspielern abgebildet.

Richard Strauss

Richard Strauss, aus dessen Feder berühmte Opern wie *Elektra* und *Der Rosenkavalier* stammen, baute sich 1909 im knapp 20 Kilometer von Oberammergau entfernten Garmisch-Partenkirchen eine Villa, in der er auch seine letzten Lebensjahre verbrachte. 1910 kam er mit seiner Frau Pauline, seinem Sohn Franz, seinem Verleger Otto Fürstner und Freunden nach Oberammergau, um sich eine der 56 Aufführungen anzusehen. Richard Strauss wurde nicht nur ein treuer Besucher der Spiele, sondern kam auch häufig außerhalb der Passionsspielzeit nach Oberammergau, um gute Freunde treffen.

General Eisenhower

Dwight D. Eisenhower, Oberbefehlshaber der Alliierten in Europa während des Zweiten Weltkriegs und später Präsident der Vereinigten Staaten (1953–1961), besuchte 1950

General Eisenhower

Olaf Gulbransson

König Ludwig II. mit seinem
Bruder Otto (links)

Edward VII., König von England

zusammen mit seiner Frau Mamie die ›Friedensspiele‹. Dort traf er auf politische Repräsentanten wie den Bundespräsidenten Heuss, Bundeskanzler Adenauer sowie den Bayerischen Ministerpräsidenten Ehard. In Oberammergau gibt es seit 2003 ein Eisenhower Museum, das die Lebensgeschichte von ›Ike‹ anhand zahlreicher interessanter und überraschender Exponate nacherzählt.

Olaf Gulbransson

Der norwegische Maler und Karikaturist Olaf Gulbransson kam 1910 zusammen mit seiner zweiten Frau Margarethe ›Grete‹ Jehly, einer österreichischen Schriftstellerin, nach Oberammergau zu den Passionsspielen. Als Künstler des Münchner Satiremagazins *Simplicissimus* kam er häufiger zusammen mit seinen Freunden nach Oberammergau. Im Jahre 1929 ließ er sich am Tegernsee nieder, wo heute ein Museum an sein umfangreiches Werk erinnert.

König Ludwig II.

Für König Ludwig II. – hier mit seinem Bruder Otto – wurde am 25. September 1871 eine Separatvorstellung der Passionsspiele aufgeführt. Es wird erzählt, dass der König die Darsteller der Hauptrollen zu einem Empfang nach Schloss Linderhof einlud. Der Judasdarsteller Georg Lechner – so ist es von seinem Sohn überliefert – wurde vom König mit einem durchdringenden Blick gefragt: »Judas, was hast du gefühlt, als du den Herrn verrietst?«, worauf es Lechner bei der Erinnerung an den Blick des Königs »kalt über den Rücken gelaufen« sein soll. Der Christusdarsteller Joseph Mayr hingegen wurde wohlwollender behandelt und mehrmals vom König eingeladen. Ihm zeigte er sein noch nicht vollendetes Schloss und äußerte seinen Unmut über den schleppenden Fortgang der Bauarbeiten.

Edward VII., König von England

König Edward VII. reiste 1871 inkognito zusammen mit seiner Gemahlin zu den Passionsspielen nach Oberammergau und wohnte bei Sebastian Zwinck. Zwischen dem – damals noch ungekrönten – König und seinem Gastgeber entwickelte sich eine besondere Beziehung. Als Edward VII. 1880 aus Krankheitsgründen nicht nach Oberammergau kommen konnte, schrieb er an Zwinck und entschuldigte sein Fernbleiben. Anlässlich der Krönung von King Edward im Jahr 1901 schnitzte Sebastian Zwinck ihm eine Abendmahlsszene, worauf ihn der König zu sich nach England einlud und ihm eine Krönungsmedaille schenkte.

Register

Fotonachweis

Alzheimer, Heidrun: *Einmal Oberammergau und zurück*, Oberammergau 1999: S. 65 l.v.l. (Foto: Photoarchiv Ellen Maas, Frankfurt/Main)

Ammergauer Alpen GmbH: Umschlag hinten: s.S. 11 l.v.l., S. 1 2.v.l.; S. 1 3.v.l., S. 24 l.u., S. 44 u., S. 91 (Foto: Oberammergau Tourismus); S. 1 4.v.l., S. 2/3, S. 30 o., S. 43, S. 95 u., S. 96 l. und r. (Foto: Eberhard Starosczik, Oberammergau); S. 4, S. 66/67, S. 93, S. 98/99 (Foto: Florian Wagner, München); S. 10 2.v.l., S. 74 (Foto: Stefan Höcherl, München); S. 12; S. 11 2.v.l., S. 14/15, S. 18, S. 28, S. 37 u., S. 80, S. 83 r., S. 86/87, S. 101, S. 107, S. 110 u., S. 111 o. und u. (Foto: Horst Preisenhammer, Oberammergau); S. 19, S. 92, S. 112/113 (Foto: Hans Peter Schöne, Uffing); S. 26, S. 105 o. (Foto: Peter Hutzler, München); S. 31 (Foto: Hanna Glaser, Winnweiler); S. 33 r.u., S. 105 u. (Foto: Manfred Müller, Oberammergau); S. 41 r., S. 102, S. 103, S. 117 o. (Foto: Bernd Ritschel, Kochel am See); S. 45 o. (Foto: Thomas Dashuber, München); S. 22, S. 49, S. 106, S. 116 (Foto: Stephan de Paly, Dresden); S. 69 l.o. und u.; S. 8, S. 11 l.v.l., S. 13 3. und 4.v.l., S. 30 u., S. 83 l., S. 84, S. 89 l.o. und u., S. 90, S. 95 o., S. 104 (Foto: Thomas Klinger, Oberammergau); S. 108/109 (Foto: Daniela Blöchinger, München); S. 110 o. (Foto: Jörg Christöphler, München)

Bildagentur Huber: Umschlag vorne, S. 23

Bogenrieder, Dr. Frz. X.: *Oberammergau*, Diessen 1930: S. 20, S. 59 r.o. (Foto: Hermann Rex, Oberammergau)

Brandl, Anton: S. 50, S. 65 2. und 3.v.l., S. 94 (alle)

Buchwieser, Annelies: *Oberammergau damals und heute*, Oberammergau 1984: S. 35 l.

Dashuber, Tomas: *Ecce homo. Oberammergau 2000*, München 2000: S. 56, S. 57 (alle), S. 58 o., S. 65 4.v.l. (Foto: Tomas Dashuber, München)

Gemeindearchiv Oberammergau: S. 17 u., S. 34 u., S. 38 o., S. 40, S. 41 l., S. 48 2. und 3.v.l., S. 53 u., S. 55 (alle), S. 58 u., S. 59 u., S. 60 r. und innere Umschlagklappe hinten, S. 69 Mitte, S. 100 2. und 3.v.l., S. 118, S. 123 2. und 3.v.l., S. 124 3.v.l. (Detail, s.S. 118), S. 124 4.v.l., S. 125 l.v.l., S. 125 4.v.l.

Günzler, Otto/Zwink, Alfred: *Oberammergau*, München 1950: S. 121, S. 122 4.v.l., S. 123 l.v.l. (Detail, s.S. 121), S. 123 4.v.l., S. 124 1. und 2.v.l. (Foto: H. Kronburger, Oberammergau)

Henker, Michael (Hrsg.): *Hört, sehet, weint und liebt. Passionsspiele im alpenländischen Raum*, München 1990: S. 48 l., S. 61 (alle; Foto: Ewald Haag, Oberammergau); S. 53 o. (Foto: Theatermuseum der Universität zu Köln)

Klinner, Helmut W.: *Oberammergau in Aufnahmen seines ersten Fotografen, Korbinian Christa (1854–1916)*, Horb am Neckar 1997: S. 10 l.v.l. (Detail, s.S. 97), S. 97 (Foto: Korbinian Christa, Oberammergau)

Lang, Anton: *Aus meinem Leben*, München 1930: S. 38 u.

Lang, Florian: S. 1 l.v.l., S. 11 3.v.l., S. 13 2.v.l., S. 16, S. 24 r. und innere Umschlagklappe vorne, S. 25, S. 32 o., S. 33 r.o., S. 34 o., S. 35 r., S. 37 o., S. 39, S. 64 l. und 2.v.l., S. 69 r.o., S. 73 r., S. 77 und innere Umschlagklappe vorne, S. 81, S. 88 u., S. 122 l.v.l., S. 125 3.v.l.

Oberammergau Museum: S. 13 l.v.l., S. 36 (alle), S. 48 4.v.l., S. 68, S. 70, S. 71 (alle), S. 72 (alle), S. 73 o., S. 75 (alle) und Umschlagklappe vorne, S. 76, S. 78 (alle), S. 79 (alle), S. 82

Passion 2000. Oberammergau, hrsg. von der Gemeinde Oberammergau, München 2000: innere Umschlagklappe vorne: 1633, innere Umschlagklappe hinten: Mitte 19. Jh., 1950 und 2000; S. 6/7, S. 10 3.v.l., S. 46/47, S. 51, S. 62, S. 64 3. und 4.v.l. (Foto: Brigitte Maria Mayer, Berlin)

Passionsspiele 2010 Oberammergau, Pressestelle: S. 27 (alle), S. 42, S. 44 o., S. 45 u., S. 52 (alle), S. 54, S. 59 l.o., S. 60 l.

Pörnbacher, Hans: *Oberammergau*, München 1988: S. 21, S. 24 l.o. (Foto: Vitus Fenzl, Oberammergau); S. 29 (alle; Foto: Annelies Buchwieser, Oberammergau); S. 85, S. 100 l.v.l. (Foto: Frederic Grawe, Oberammergau); S. 89 r.o. (Foto: Anton Bartl)

Prestel-Archiv: S. 33 l., S. 114, S. 115, S. 117 u., S. 122 2. und 3.v.l., S. 125 2.v.l.

Rädlinger, Christine: *Zwischen Tradition und Fortschritt. Oberammergau 1869–2000*, Oberammergau 2002: S. 32 u. (Foto: Stadtarchiv München)

100 Jahre Volkstrachtenverein »D'Ammertaler«, Oberammergau 1993: S. 88 o.

Dank

Ein herzlicher Dank für die inhaltliche und bildliche Mitarbeit an dieser Publikation geht an:

Markus Gerum | Naturführer

Otto Huber | 2. Spielleiter und Dramaturg der Passionsspiele 2010

Helmut W. Klinner M.A. | Leiter des Gemeindearchivs Oberammergau

Florian Lang | Archiv der Familie Lang

Ute Oberhauser | Marketing und Vertrieb Ammergauer Alpen GmbH

Dr. Constanze Werner | Leiterin Oberammergau Museum

sowie für wichtige Hinweise und sonstige Unterstützung an:

Jörg Christöphler | Geschäftsführer Ammergauer Alpen GmbH

Nicole Richter | Stellvertretende Geschäftsführerin Ammergauer Alpen GmbH

Ignaz Schön | Leitung Passionsgeschäftsstelle

Ludwig Utschneider M.A. | Historischer Verein Oberammergau 1999 e.V.

Franz Windirsch | Druckerei Fritz Kriechbaumer

Fotonachweis: Seite 127

Umschlag-Vorderseite: Das Pilatushaus von der Gartenseite her
Umschlag-Rückseite: Kleiner Tänzer (siehe Seite 11, 1. v. l.)
Umschlagklappe vorne: Schnürlkasperl, siehe Seite 75
Umschlagklappe hinten: Ortsplan Oberammergau
Seite 2-7: In den Ammergauer Alpen, Oberammergauer Kunsthandwerk (Detail, siehe Seite 66), Passionsspiele 2000: Chor
Seite 8: Auf dem Tanzboden (Detail, siehe Seite 89)

Die Deutsche Nationalbibliothek verzeichnet diese Publikation in der Deutschen Nationalbibliografie; detaillierte bibliografische Daten sind im Internet über http://dnb.d-nb.de abrufbar.

© Prestel Verlag, München · Berlin · London · New York, 2010

© Olaf Gulbransson bei VG Bild-Kunst, Bonn 2010

Prestel Verlag, München
in der Verlagsgruppe Random House GmbH
Königinstraße 9
80539 München
Tel. +49 (0)89 24 29 08-300
Fax +49 (0)89 24 29 08-335

www.prestel.de

Projektleitung Verlag: Gabriele Ebbecke
Lektorat und Koordination: Beate Besserer
Gestaltung: Stefan Engelhardt, Mühldorf am Inn, und designwerk Wolfram Söll, München
Art Direction: Cilly Klotz
Herstellung: Christine Groß
Lithografie: Reproline Genceller, München
Druck und Bindung: Druckerei Fritz Kriechbaumer, Taufkirchen

Gedruckt in Deutschland auf chlorfrei gebleichtem Papier

ISBN 978-3-7913-5022-6 (deutsche Ausgabe)
ISBN 978-3-7913-5023-3 (englische Ausgabe)